표현문형과 테마로 익히는
일본어작문

지은이 : 임헌찬

학습목표!

처음부터 한국식
일본어작문의
폐해를 없애고,
살아있는
일본어다운 표현이
가능토록 하는 것!!

제이앤씨

머리말

　일본어 초급단계에서의 作文연습은, 이미 배운 어휘나 문형을 토대로 한 短文작성 연습, 즉 간단하고 단순한 문형부터 도입해가고, 학습방법도 문형연습 위주의 기계적인 따라하기가 중심내용이 되는 경우가 많은 것이 현실이다. 물론 이러한 短文 위주의 문형연습도 중요하다.
　그러나 문제점도 많이 지적되고 있다. 지나치게 문형만을 중시하다보면 부자연스러운 일본어표현이 되는 경우가 많고, 또 談話의 시점에서 文전체의 구성이라기보다 短文을 나열하는 정도의 작문이 되다보니, 살아 숨쉬는 세련된 일본어표현이 불가능해진다는 것이다.
　어떤 테마에 대해서 말하고 文書化시키기 위해서는, 전체적인 구성이라고 하는 談話의 시점에서 작문하는 연습이 필요하다. 이것은 작문기법·작문패턴·작문모델에 따라 학습자에게 이해시키고 내용을 중시한 담화전개를 지도 해야만 한다. 또, 일본어다운 표현이 되기 위해서는, 한국어와 일본어의 표현차이, 일본어에만 있는 특수한 표현과 관용적인 표현도 염두 해두고 처음부터 제대로 학습해야만 한다.
　이러한 점을 감안하여, 본 교재의 학습목표는 처음부터 한국식 일본어작문의 폐해를 없애고, 살아있는 일본어다운 표현이 가능토록 하는 것이다.

즉, 한국인 일본어학습자가 틀리기 쉬운 일본어표현을 정확하고 바른 일본어표현이 되도록 하는데 중점을 두었고, 가능한 한 일본인의 談話에 있어서 잘 사용되거나 원활한 Communication기능을 잘 가지고 있는 문형만을 골라 학습하고 연습하는데 목표를 두고 집필하였다.

따라서, 본 교재는 일본어초급(기초)과정을 마친 학습자를 대상으로, 口頭표현과 実用작문에 있어서 체계적인 일본어를 사용할 수 있도록 짜여져 있다. 즉, 빠른 단계부터 어떤 테마에 대해서 완결된 문장을 쓸 수 있도록 하는 것을 목적으로 하고 있다.

본 교재는 5장으로 구성되어 있다.

제1장 각종표현 작문하기에서는, 26가지의 테마표현으로 분류해 학습자들의 필요에 따른 각종표현의 작문연습이 곧바로 가능하도록 구성되어 있다.

제2장 동작・작용표현 작문하기에서는, 기본동작표현, 동사의 て形표현, 복합동사표현으로 구성되어 있어, 일본어다운 표현들을 익히고 연습해서 세련된 일본표현이 가능하도록 학습자들을 돕고 있다.

제3장 수동・사역표현 작문하기에서는 수동표현, 사역표현, 사역수동표현으로 분류해 일본어 학습자들이 가장 어려워하는 표현문형을 작문연습 하도록 짜여져 있으며,

제4장 경어표현 작문하기에서는 크게 존경표현과 겸양표현으로 나눠 학습자들의 일본어 능력을 극대화 시키도록 작문연습이 제공된다.

이처럼, 본 교재의 특징은 일본인들의 일상생활에 자주 등장하고 흔히 사용되고 있는 語し言葉(회화체)문형도 일본어 학습상 중요하다고 판단해 작문연습을 행하고 있다는 점이다.

끝으로 제5장 테마별로 작문하기에서는 31가지 테마로 나눠, 지금까지 학습한 내용을 가지고 학습자 개개인이 실제로 일본어 작문을 행하도록 구성되어 있다.

그러나, 아직 부족한 곳도 많은 것이 사실이다. 부족한 점은 앞으로도 계속해서 수정・보완해 나갈 것을 밝혀두며, 독자들의 많은 助言을 부탁드린다.

끝으로, 本書의 출판을 위해 애써주시고 도와주신 도서출판 제이앤씨 관계자 여러분에게 진심으로 감사의 뜻을 전하고 싶다.

2005년 7월 17일
탐진관 연구실에서 신어산을 바라보며

목차

제 I 장. 各種표현 작문하기

1. 断定표현 ··· 13
   1-1. 기본문형 ·· 13
      1-1-1. 「S(主語/主題)は N(名詞)です」문형 ······································· 13
      1-1-2. 「S(主語/主題)は 形容詞です」문형 ··· 16
      1-1-3. 「S(主語/主題)は 形容動詞だ/です」문형 ······························· 17
   1-2. 단정의 부정 ·· 18
      1-2-1. 「S(主語/主題)は N(名詞)ではありません」문형 ··················· 18
      1-2-2. 「S(主語/主題)は ～(形容詞)くない/くないです/くありません」문형 ········ 20
      1-2-3. 「～は ～でも～でもありません」「～は ～くも～くもありません」문형 ····· 21
   1-3. 단정의 질문 ·· 22
      1-3-1. 名詞술어 문형 ··· 22
      1-3-2. 形容詞술어 문형 ·· 25
2. 関係표현 ··· 27
   2-1. 「Sは N1のN2です」문형 ··· 27
   2-2. 「N1の Sが/は N2です」문형 ··· 28
3. 所在・存在표현 ··· 30
   3-1. 「Sは Nに ある/いる」문형 ·· 30
   3-2. 「Nに(は) Sがある/いる」문형 ··· 32
   3-3. 「Nに(は) Sが ～ついている」문형 ·· 34
4. 主題・総主표현 ··· 35
   4-1. 「Sは Nが いる/ある」문형 ·· 35
   4-2. 「Sは Xが Yです/だ」문형 ··· 36

- 4-3. 「S(に)は Nが/も(い)ない」문형 ·········· 38
- 4-4. 「Sは ～たり～たりする/です」문형 ·········· 39

5. 比較・対比표현 ·········· 41
- 5-1. 2者 비교 ·········· 41
  - 5-1-1. 「SはNより(も)～です」문형 ·········· 41
  - 5-1-2. 「SはN1のほうが(N2より)～です」문형 ·········· 42
  - 5-1-3. 「SはNほど～くない」문형 ·········· 43
  - 5-1-4. 「(Sは)N1は/が～が, N2は～です」문형 ·········· 44
- 5-2. 3者이상 비교 ·········· 45

6. 動作표현 ·········· 46
- 6-1. 동작의 実現 문형 ·········· 46
- 6-2. 동작의 目的 문형 ·········· 47
- 6-3. 동작의 連続 문형 ·········· 48
- 6-4. 同時動作 문형 ·········· 49
- 6-5. 動作含有 문형 ·········· 50

7. 比喩표현 ·········· 51
- 7-1. 「Sは/Nが～のように～だ」문형 ·········· 51
- 7-2. 「SはN1のようなN2をしている」문형 ·········· 52

8. 可能표현 ·········· 53
- 8-1. 「動詞의 基本形 + ことができる」문형 ·········· 53
- 8-2. 可能動詞(派生에 의한 것) 문형 ·········· 54
- 8-3. 「動作性名詞 + ができる」문형 ·········· 56
- 8-4. 「可能動詞 + ようになる」문형 ·········· 57
- 8-5. 그 밖의 可能表現 ·········· 58

9. 希望・願望표현 ·········· 60
- 9-1. 본인의 希望・願望표현 ·········· 60
  - 9-1-1. 「～が/を動詞의 連用形+たい」문형 ·········· 60
  - 9-1-2. 「～がほしい」문형 ·········· 61
  - 9-1-3. 「動詞의 て形+ほしい(もらいたい/いただきたい)」문형 ·········· 62
  - 9-1-4. 「～と/ばいい(なあ), ～ない/ないものか(なあ)」문형 ·········· 63
- 9-2. 제3자의 希望・願望표현 ·········· 64
  - 9-2-1. 「～を 동사의 연용형 + たがる」「형용사의 연용형 + がる」문형 ·········· 64
  - 9-2-2. 「～を+ほしがる」「～たいと言っている」문형 ·········· 65
  - 9-2-3. 「～がほしい/たい」+「のだ, だろう, らしい, そうだ」문형 ·········· 67

10. 禁止표현 ·········· 68
- 10-1. 「動詞나 助動詞의 연용형 + てはいけない」문형 ·········· 68
- 10-2. 「動詞나 助動詞의 연용형 + てはならない」문형 ·········· 69
- 10-3. 「動詞나 助動詞의 연용형 + てはだめだ」문형 ·········· 70
- 10-4. 「動詞나 助動詞의 連体形 + ことはいけない」문형 ·········· 71

- 11. 許可・許容표현 ··· 72
  - 11-1.「~(なく)てもいい」「~(なく)てもよろしい」문형 ································· 72
  - 11-2.「~(なく)てもかまわない」「~(なく)ても差し支えない」문형 ················ 74
  - 11-3.「許可する, 許す, 可」문형 ·· 76
- 12. 受給・授受표현 ··· 77
  - 12-1.「Xは Yに 物を あげる/やる/くれる/もらう」
    「Xは Yに 物を さしあげる/くださる/いただく」문형 ·································· 77
  - 12-2.「Xは Yに 物を Vてあげる/やる/くれる/もらう」
    「Xは Yに 物を Vてさしあげる/くださる/いただく」문형 ···························· 79
  - 12-3. 本動詞로 쓰일 경우와 補助動詞로 쓰일 경우의 意味上의 差異 ············· 82
- 13. 依頼・要求표현 ··· 83
  - 13-1.「~を(対象) + ください」문형 ··· 83
  - 13-2.「~て/ないで + ください」문형 ·· 84
  - 13-3.「~(ない)でくれ」「~て/てね/てよ」「~(ない)でちょうだい」문형 ············· 86
  - 13-4.「~てほしい/もらいたい/いただきたい」「~てくれると助かる/いいのだが」
    「~させてください/いただきます(ませんか)」문형 ····································· 87
- 14. 意志・勧誘・提案표현 ·· 89
  - 14-1. 意志表現「~V未然形 + う/よう(と思う/している)」문형 ··························· 89
  - 14-2. 勧誘・提案表現1 ·· 91
    「(よ)う」「~ないか」「~(よ)うでは(じゃ)ないか」
    「~ましょう(か)、~ませんか」문형
  - 14-3. 勧誘・提案表現2 ·· 93
    「~たら(いい)」「~どう/いかがです(か)」「V連用形+てごらん(なさい)」문형
- 15. 原因・理由표현 ··· 94
  - 15-1.「~から~だ」문형 ··· 94
  - 15-2.「~のは~からだ」문형 ··· 95
  - 15-3.「~ので~だ」문형 ··· 97
- 16. 経験・習慣표현 ··· 98
  - 16-1.「~たことがある」「~る+ことがある/こともある」문형 ···························· 98
  - 16-2.「~たことがない」문형 ·· 100
  - 16-3.「~たものだ」문형 ·· 102
- 17. 当為・忠告표현 ··· 104
  - 17-1.「動詞의 連体形 + べきだ/べきではない」문형 ··· 104
  - 17-2.「動詞의 連体形 + ものだ/ものではない」문형 ··· 106
  - 17-3.「動詞의 連体形 + ことだ」문형 ·· 108
  - 17-4.「動詞의 連体形/過去形 + ほうがいい」문형 ·· 109
- 18. 義務・必要표현 ··· 110
  - 18-1.「~なければ(なくては)ならない/いけない」문형 ···································· 110
  - 18-2.「~なければ(なくては)だめです」「~ねばならぬ/ならない」문형 ········· 112

- 18-3. 「~べきだ」「~ざるを得ない」「~よりほかない/よりしかたがない」문형 114
- 19. 不必要표현 116
  - 19-1. 「~なくてもいい/かまわない/大丈夫だ」문형 116
  - 19-2. 「~ることはない」「~には及ばない」「~までもない」문형 117
- 20. 伝聞표현 119
  - 19-1. 「~そうだ」「~と言っている」「~という」문형 119
  - 20-2. 「~との/ということだ」「~と伝えられる」「~と聞いている」문형 121
- 21. 様態・推量표현 123
  - 21-1. 「동사의 연용형 + そうだ」문형 123
  - 21-2. 「동사의 연체형 + ようだ/みたいだ」문형 125
  - 21-3. 「동사의 종지형 + らしい」문형 127
  - 21-4. 「~でしょう」「~だろう」「~であろう」문형 129
- 22. 逆接표현 131
  - 22-1. 「~ても~です/ます」문형 131
  - 22-2. 「~のに~する/しない」문형 133
  - 22-3. 그 밖의 逆接문형 134
- 23. 確信・推論표현 135
  - 23-1. 「~はずだ」「~はずがない」「~ないはずだ」문형 135
  - 23-2. 「~にちがいない」「~にきまっている」「~だと思う」문형 137
  - 23-3. 「~かもしれない」문형 139
- 24. 説明・理致표현 141
  - 24-1. 「~のだ/んです」문형 141
  - 24-2. 「~わけだ/わけではない」문형 142
  - 24-3. 「~ものだ/ものではない」문형 143
  - 24-4. 「~ことになる」문형 144
- 25. 条件표현 145
  - 25-1. 「連体形 + と」문형 145
  - 25-2. 「過去形(た形) + ら」문형 147
  - 25-3. 「基本形 + (の)なら」문형 149
  - 25-4. 「e/kere/nara + ば」문형 151
  - 25-5. 그 밖의 条件문형 153
- 26. 料理・날씨・病院관련 표현 156

제 Ⅱ장. 動作・作用표현 작문하기

1. 基本動作 표현 ··· 161
   1-1. 「~は ~を/に V」문형 ··· 161
   1-2. 「~は ~に/から ~を V」문형 ·· 162
2. 「동사의 て形」표현 ·· 163
   2-1. 「동사의 て形 + いる」문형 ·· 163
      2-1-1. 동작의 進行, 継続 ··· 163
      2-1-2. 동작의 結果나 状態 ··· 165
      2-1-3. 동작의 完了, 反復 ··· 167
      2-1-4. 経験, 経歴, 習慣 ·· 169
   2-2. 「동사의 て形 + ある」문형 ·· 171
      2-2-1. 대상의 変化, 結果状態 ·· 171
      2-2-2. 準備완료, 放置상태 ·· 173
   2-3. 「동사의 て形 + おく」문형 ·· 175
      2-3-1. 상태지속, 어떤 시점까지 動作, 対応・対処하기 위한 行為 ······ 175
      2-3-2. 準備를 위한 행위, 放置하는 행위, 一時的인 処置・処理의 방법 ······ 177
   2-4. 「동사의 て形 + しまう」문형 ··· 179
      2-4-1. 完了, 유감 ·· 179
      2-4-2. 성가심・무심코, 無意志的인 동작으로 인한 後悔 ·················· 181
   2-5. 「동사의 て形 + いく, くる」문형 ··· 183
      2-5-1. 主体移動, 対象移動 ··· 183
      2-5-2. 出現・消滅의 過程, 서서히 변화, 動作・作用의 시작, 時間的継続 ······ 185
   2-6. 「동사의 て形 + みる」문형 ·· 187
      2-6-1. 시험삼아 하는 動作 ·· 187
      2-6-2. 実現하는 動作 ·· 188
3. 複合動詞표현 ··· 190
   3-1. 「동사의 連用形 + 始める, 続ける, 終わる」문형 ························· 190
      3-1-1. 동작・작용의 開始 ·· 190
      3-1-2. 동작・작용의 継続 ·· 192
      3-1-3. 동작・작용의 終結 ·· 194
   3-2. 「局面의 語句」문형 ··· 196
      3-2-1. 開始直前의 局面 ·· 196
      3-2-2. 동작・작용의 継続中 ··· 198
      3-2-3. 終結直後의 局面 ·· 200

제 III 장. 受動・使役표현 작문하기

1. 受動표현 ·· 203
   1-1. 直接受動 문형 ··· 203
   1-2. 間接受動 문형 ··· 205
   1-3. 特殊受動(自発) 문형 ·· 207
   1-4. 無情物受動 문형 ··· 208
2. 使役표현 ·· 210
   2-1. 強制使役 문형 ··· 210
   2-2. 許容使役 문형 ··· 213
   2-3. 無意志的인 동작 문형 ·· 215
3. 使役受動표현 문형 ··· 217

제 IV 장. 敬語표현 작문하기

1. 존경표현 ·· 223
   1-1.「お/ご~になる」문형 ·· 223
   1-2.「れる/られる」形이나, 존경동사 문형 ······································ 225
2. 겸양표현 ·· 227
   2-1.「お/ご~する」문형 ·· 227
   2-2. 겸양동사 문형 ··· 229

제 V 장. 테마별로 작문하기

1. 인사소개 ·· 233
2. 우리 집 ·· 234
3. 내 방 ··· 235
4. 내 가족 ·· 236
5. 자기소개 ·· 237
6. 학교통학 ·· 238
7. 우리나라 ·· 239
8. 아르바이트 ·· 240
9. 나의 일주일 ··· 241

10. 내 친구 ··· 242
11. 내 취미 ··· 243
12. 내 생일 ··· 245
13. 일본어 수업 ··· 246
14. 하루 일과 ··· 248
15. 식생활 ··· 249
16. 스포츠 ··· 251
17. 일본의 계절 ··· 252
18. 고교생활 ··· 253
19. 내 고향 ··· 254
20. 해수욕장 ··· 255
21. 결혼관 ··· 257
22. 대학생활 ··· 258
23. 군대생활 ··· 260
24. 백화점 쇼핑 ··· 261
25. 일요일 ··· 263
26. 취미생활 ··· 265
27. 건강 ··· 267
28. 일본의 술 문화 ··· 269
29. 가족여행 ··· 271
30. 일본인의 결혼관 ··· 273
31. 일본의 음식문화 ··· 275

<부 록> 연습해답 ··· 277

제 I 장

各種표현 작문하기

1. 断定표현
2. 関係표현
3. 所在・存在표현
4. 主題・総主표현
5. 比較・対比표현
6. 動作표현
7. 比喩표현
8. 可能표현
9. 希望・願望표현
10. 禁止표현
11. 許可・許容표현
12. 受給・授受표현
13. 依頼・要求표현
14. 意志・勧誘・提案표현
15. 原因・理由표현
16. 経験・習慣표현
17. 当為・忠告표현
18. 義務・必要표현
19. 不必要표현
20. 伝聞표현
21. 様態・推量표현
22. 逆接표현
23. 確信・推論표현
24. 説明・理致표현
25. 条件표현
26. 料理・날씨・病院관련 표현

断定표현

1-1. 기본문형

1-1-1. 「S(主語/主題)は N(名詞)です」문형

◐ 정중하게 말할 경우

「~は ~です」 ~는 ~입니다

기본문형
私は洪吉童です。　私は大学生です。　私は韓国人です。
⇒私は洪吉童です。大学生です。韓国人です。
あたしはスミスです。あたしは会社員です。あたしはアメリカ人です。
⇒あたしはスミスです。会社員です。アメリカ人です。
彼女は田中真由美です。彼女は公務員です。彼女は既婚です。
⇒彼女は田中真由美です。公務員です。既婚です。

예시

これはデジタルカメラです。	← 이것은 디지털카메라입니다.
ここは総務課です。	← 여기는 총무과입니다.
こちらは森山さんです。	← 이쪽은 森山씨입니다.
彼はイギリス人です。	← 그는 영국인입니다.
私たちは友達です。	← 우리들은 친구입니다.
彼らは同級生です。	← 그들은 동기생입니다.
私の専門はコンピューターです。	← 제 전공은 컴퓨터입니다.

연습

1. 저는 21살입니다.
   → _____

2. 나는 기독교입니다.
   → _____

3. 이 물은 지하수입니다.
   → _____

4. 그는 군인입니다.
→ _____

5. 회의는 오후 3시입니다.
→ _____

6. 저 건물은 도서관입니다.
→ _____

7. 이것은 친구 책입니다.
→ _____

8. 식료품은 지하 1층입니다.
→ _____

9. 저분은 일본어 선생님입니다.
→ _____

■ 참 고 : 인칭대명사

「わたくし」는 표준적인 語로 격식 차린 말로 쓰여지고, 「ぼく」는 男性이 자기 자신을 겸손하게 말할 경우에 사용된다. 「おれ」는 주로 男性이 동료나 아랫사람에게 사용하고, 「あたし」는 주로 女性이 자신을 지칭할 때 사용한다.

「あなた」는 표준적인 말로 동료나 아랫사람을 부르는 호칭이므로, 선생님이나 부모 상사 등 웃어른에게는 사용하지 않는다. 또, 「おまえ」「きさま」는 상대를 얕잡아 볼 경우에 쓰이므로 자기보다 웃어른에게는 쓸 수 없다.

		단수형	복수형	
1인칭	나	あたし、 ぼく、 おれ	우리(들)	われわれ、 ぼくら、 おれら
	저	わたし、 わたくし	저희(들)	わたしたち、 わたくしども
2인칭	너	あんた、 きみ、 おまえ、 てめえ	너희(들)	きみたち、 おまえら
	당신	あなた	당신네(들)	あなたがた
3인칭	그	かれ(彼)	그들	彼ら、 かれたち
	그녀	かのじょ(彼女)	그녀들	彼女ら、 かのじょたち

◐ 보통으로 말할 경우
「~は ~だ/である」 ~는 ~이다

> **예 시**
> 王さんは中国人だ。　　　← 王さん은 중국인이다.
> トマトは野菜である。　　← 토마토는 야채다.
> 日本人は勤勉だ。　　　　← 일본인은 근면하다.
> 専攻はデザインだ。　　　← 전공은 디자인이다.
> 父はサラリマンである。　← 아빠는 셀러리맨이다.

연 습

10. 그것은 내 모자다.
→ _____

11. 이곳은 국립공원이다.
→ _____

12. 이쪽은 내 친구다.
→ _____

13. 고향은 부산이다.
→ _____

14. 그녀는 러시아인이다.
→ _____

15. 내 생일은 3월 30일이다.
→ _____

16. 전화번호 안내는 114이다.
→ _____

17. 휴일은 토요일과 일요일이다.
→ _____

18. 출장은 다음주 월요일부터 5일간이다.
→ _____

■ 참 고

「だ」는 断定을 나타내는 조동사로, 「です」는 「だ」의 공손어다. 「である」는 「だ」의 연용형 「で」에 「ある」가 연결된 형태이다.

1-1-2. 「S(主語/主題)は 形容詞です」문형
: ~는 ~입니다.

예 시

今日はとても暑いです。　　← 오늘은 매우 덥습니다.
毎年、新学期は忙しい。　　← 매년 신학기는 바쁘다.
そのかばんは高いです。　　← 그 가방은 비쌉니다.
この店のパンは美味しい。　← 이 가게의 빵은 맛있다.
発表の時間は短いです。　　← 발표시간은 짧습니다.

연 습

19. 그녀는 예쁩니다.
→ _____

20. 내 딸은 키가 작다.
→ _____

21. 학교는 집에서 멀다.
→ _____

22. 그들은 사이가 안 좋다.
→ _____

23. 이 옷은 가볍고 따뜻합니다.
→ _____

24. 일본어 공부는 매우 재미있습니다.
→ _____

■ 참　고 : 지시대명사

	近称	中称	遠称	不定称
事物	これ(이것)	それ(그것)	あれ(저것)	どれ(어느 것)
場所	ここ(여기)	そこ(거기)	あそこ(저기)	どこ(어디)
方向	こちら(이쪽) こっち	そちら(그쪽) そっち	あちら(저쪽) あっち	どちら(어느 쪽) どっち

1-1-3. 「S(主語/主題)は 形容動詞だ/です」문형
　　　: ~는 ~한다/합니다.

> **예 시**
> 私は音楽が好きです。　　　←나는 음악을 좋아한다.
> これはとても大事だ。　　　←이것은 매우 소중하다.
> 交通は地下鉄が便利です。　←교통은 지하철이 편리합니다.

연 습

25. 그녀는 노래를 잘 부른다.
→ _____

26. 여기는 교통이 불편하다.
→ _____

27. 누나 방은 매우 깨끗하다.
→ _____

28. 선생님은 매우 건강하십니다.
→ _____

29. 이 술집은 언제나 조용하다.
→ _____

30. 친구는 스포츠를 아주 좋아합니다.
→ _____

31. 그 분은 정말 성실하다.
→ _____

32. 나는 클래식음악을 좋아합니다.
→ _____

33. 그녀는 언제나 친절하다.
→ _____

1-2. 단정의 부정

1-2-1.「S(主語/主題)は N(名詞)ではありません」문형

◐ 정중하게 말할 경우

「~は ~で(は)ありません」 ~는 ~이 아닙니다

> **예 시**
>
> 私は大学生ではありません。高校生です。
>   ← 저는 대학생이 아닙니다. 고등학생입니다.
> 彼女はフランス人ではありません。ドイツ人です。
>   ← 그녀는 프랑스 인이 아닙니다. 독일 인 입니다.
> あれは図書館ではありません。博物館です。
>   ← 저것은 도서관이 아닙니다. 박물관입니다.
> それは英語の辞書ではありません。日本語の辞書です。
>   ← 그것은 영어사전이 아닙니다. 일본어사전입니다.

연 습

1. 제 고향은 부산이 아닙니다. 청주입니다.
   → _____
2. 저는 장남이 아닙니다. 차남입니다.
   → _____
3. 이 반지는 진짜가 아닙니다. 가짜입니다.
   → _____
4. 이 사람은 엄마가 아닙니다. 이모입니다.
   → _____
5. 그것은 구두가 아닙니다. 샌달입니다.
   → _____

■ 참 고

한국어의 主格助詞「가/이」에 해당하는 일본어는「が」이지만, 否定形의 경

우 「일본인이 아닙니다」「일본인이 아니다」는 「日本人がありません」「日本人がない」가 아니라, 「日本人ではありません」「日本人ではない」이다.

● 보통으로 말할 경우
「～は ～ではない/じゃない」 ～는 ～이 아니다

> **예 시**
> スペインは後進国ではない。先進国である。
>   ← 스페인은 후진국이 아니다. 선진국이다.
> それは小学校ではない。中学校である。
>   ← 그것은 초등학교가 아니다. 중학교이다.
> あそこは警察署ではない。消防署である。
>   ← 저기는 경찰서가 아니다. 소방서이다.
> 友人は大学生ではない。軍人だ。
>   ← 친구는 대학생이 아니다. 군인이다.

연 습

6. 그것은 내 모자가 아니다. 친구모자다.
   → _____

7. 종교는 불교가 아니다. 기독교다.
   → _____

8. 그는 프랑스 인이 아니다. 영국인이다.
   → _____

9. 취미는 테니스가 아니다. 축구다.
   → _____

10. 이것은 일본제가 아니다. 중국제다.
   → _____

1-2-2.「S(主語)は~(形容詞)くない/くないです/くありません」문형
  : ~는 ~지 않다/않습니다.

> **예시**
> 彼女の髪は長くない。　　　　← 그녀의 머리는 길지 않다.
> 兄は目が大きくないです。　　← 형은 눈이 크지 않습니다.
> 私のアパートは広くありません。← 우리 아파트는 넓지 않습니다.
> 日本のラーメンは辛くない。　　← 일본라면은 맵지 않다.

연습

11. 이 차는 비싸지 않습니다.
　→ _____

12. 담배는 몸에 좋지 않다.
　→ _____

13. 저 레스토랑은 맛이 없었다.
　→ _____

14. 요즈음은 바쁘지 않다.
　→ _____

15. 한자공부는 재미없습니다.
　→ _____

■ 참고 : 形容詞의 活用

	보통체	정중체
기본형	あつい	あついです
과거형(た形)	あつかった	あつかったです
부정형(ない形)	あつくない	あつくないです あつくありません
과거부정형	あつくなかった	あつくなかったです あつくありませんでした

1-2-3.「~は ~でも~でもありません」「~は ~くも~くもありません」
　　　: ~는 ~(지)도 ~(지)도 아닙니다.

> **예 시**
> 彼は課長でも部長でもありません。　← 그는 과장도 부장도 아닙니다.
> 私は賛成でも反対でもありません。　← 나는 찬성도 반대도 아닙니다.
> 彼女は女性でも男性でもありません。
> 　← 그녀는 여성도 남성도 아닙니다.
> その方は辯護士でも検事でもありません。
> 　　← 그 분은 변호사도 검사도 아닙니다.
> これは焼酎でもウィスキーでもありません。
> 　　← 이것은 소주도 위스키도 아닙니다.

연 습

16. 지금은 춥지도 덥지도 않습니다.
→ _____

17. 그녀는 친구도 애인도 아닙니다.
→ _____

18. 이것은 치마도 바지도 아닙니다.
→ _____

19. 이 요리는 짜지도 맵지도 않습니다.
→ _____

20. 저분은 중국인도 일본인도 아닙니다.
→ _____

21. 그녀는 키가 크지도 예쁘지도 않습니다.
→ _____

22. 자료는 많지도 적지도 않습니다.
→ _____

1-3. 단정의 질문

1-3-1. 명사술어문형

1-3-1-1. 긍정의문

「~は ~ですか」 ~는 ~입니까

예 시

彼女は日本人ですか。　　　← 그녀는 일본인입니까.
吉田さんは大学生ですか。　← 요시다씨는 대학생입니까.
今日は水曜日ですか。　　　← 오늘은 수요일입니까.
あれは市役所ですか。　　　← 저것은 시청입니까.
地下鉄駅はどちらですか。　← 지하철역은 어느 쪽입니까.
バス停はどこですか。　　　← 버스정류장은 어디입니까.
P病院はどちらですか。　　 ← P병원은 어느 쪽입니까.

연 습

1. 화장실은 어디입니까.
   → _____

2. 내일은 휴일입니까.
   → _____

3. 고향은 어디입니까.
   → _____

4. 그는 친절합니까.
   → _____

5. 생일은 언제입니까.
   → _____

6. 그녀는 당신 애인입니까.
   → _____

7. 여동생은 고등학생입니까.
   → _____

8. 중국어선생님은 누구십니까.
   → _____

9. 토마토는 야채입니까 과일입니까.
   → _____

◨ 참 고

　명사술어문의 질문의 형태는 조사「か」와 上昇調의 intonation「?」에 의해 표현된다. 즉,「～ですか?」는 정중한 질문의 형태이고,「～か?」「～なの?」「～?」보통의 질문형태로 사용된다.

　　　明日は学校ですか?
　　　明日は出張か?
　　　これから塾なの?
　　　午後はアルバイト?

1-3-1-2. 부정의문
「~は ~では(じゃ)ありませんか」 ~는 ~가/이 아닙니까

> **예 시**
>
> これは本物ではありませんか。
> ← 이것은 진품이 아닙니까.
> あそこは区役所じゃありませんか。
> ← 저기는 구청이 아닙니까.
> 彼女はブラジル人じゃありませんか。
> ← 그녀는 브라질 인이 아닙니까.
> あの建物は小学校ではありませんか。
> ← 저 건물은 초등학교가 아닙니까.

연 습

10. 그는 친구가 아닙니까?
 → _____

11. 아버지는 공무원이 아닙니까?
 → _____

12. 그것은 영어사전이 아닙니까?
 → _____

13. 김해는 부산이 아닙니까?
 → _____

14. 이것은 일본제가 아닙니까?
 → _____

15. 저 사람은 남자가 아닙니까?
 → _____

1-3-2. 형용사술어문형
1-3-2-1. 긍정의문
「～は ～ですか」 ～는 ～입니까.

> **예 시**
>
> 彼女<u>は</u>かわい<u>いですか</u>。　　← 그녀는 예쁩니까.
> タイワン<u>は</u>冬が<u>短い</u>?　　← 대만은 겨울이 짧으니.
> 滞在期間<u>は</u>長<u>いですか</u>。　　← 체류기간은 깁니까.
> このコンピューター<u>は</u>新し<u>いの</u>?　← 이 컴퓨터는 새거니.

연 습

16. 그는 키가 큽니까.
→ _____

17. 한국의 장마는 길으니.
→ _____

18. 일본요리는 달지.
→ _____

19. 학교는 집에서 가깝니.
→ _____

20. 저 가게는 비쌉니까.
→ _____

21. 방은 넓습니까 좁습니까.
→ _____

■ 참 고

　형용사의 보통형의 질문형태는, 「～い?」「～いか?」「～いの?」등 3가지 형태가 사용되고, 정중한 질문형태는 「～いです?」「～いですか?」「～いですの?」 등 3가지 형태가 사용된다.

1-3-2-2. 부정의문
「~は ~くないですか」 ~는 ~지 않습니까.

> **예 시**
> この料理は美味しくないですか。　← 이 요리는 맛이 없습니까.
> 明日は寒くないですか。　　　　　← 내일은 춥지 않습니까.
> 彼は性格がよくないですか。　　　← 그는 성격이 좋지 않습니까.
> 中国語はおもしろくない？　　　　← 중국어는 재미없니?

연 습

22. 그녀는 귀엽지 않니?
　→ _____

23. 일본인의 집은 좁지 않습니까.
　→ _____

24. 그 옷은 비싸지 않습니까.
　→ _____

25. 머리가 아프지 않니?
　→ _____

26. 시험은 어렵지 않니?
　→ _____

27. 8월은 덥지 않습니까.
　→ _____

■ 참 고

　형용사의 부정은 명사와 달리, 어미「い」를「く」로 바꾼 후「ない」를 연결한다. 즉,「あつい」의 경우「あつくない」가 된다. 이것을 좀더 정중하게 말하려면「です」를 붙여「あつくないです」로 표현하거나, 또는「あつくありません」을 사용한다. 결국, 형용사의 정중한 부정표현은 2가지 형식「~くないです」「~くありません」이 있다.

関係표현

2-1. 「Sは N1のN2です」문형
: ~는 ~의 ~입니다

예 시

こちら<u>は</u>金森さん<u>の</u>お父さん<u>です</u>。 ← 이쪽은 金森さん아버님입니다.
ここ<u>が</u>大学<u>の</u>本部<u>です</u>。 ← 여기가 대학본부입니다.
郵便局<u>は</u>あそこ<u>の</u>右側<u>です</u>。 ← 우체국은 저기 오른쪽입니다.
先生<u>は</u>広島大学<u>の</u>出身<u>です</u>。 ← 선생님은 히로시마대학출신입니다.
弟<u>は</u>電話局<u>の</u>係長<u>です</u>。 ← 남동생은 전화국계장입니다.

연 습

1. 히로시마는 제 고향입니다.
   → _____

2. 그분은 선생님 사모님입니다.
   → _____

3. 형은 부모님의 희망입니다.
   → _____

4. 독도는 한국영토입니다.
   → _____

5. 내일은 제 생일입니다.
   → _____

6. 저 그림은 아내의 작품입니다.
   → _____

7. 그녀는 제 여동생입니다.
   → _____

2-2. 「N1の Sが/は N2です」문형
: ~의 ~는 ~입니다.

> **예 시**
> あの建物の隣が郵便局です。　← 저 건물 옆이 우체국입니다.
> 先生の奥さんはアメリカ人です。　← 선생님부인은 미국인입니다.
> 私の仕事は教えることです。　← 제 일은 가르치는 것입니다.
> 日本の飛行機は安全です。　← 일본비행기는 안전합니다.
> 彼女のご主人は医師です。　← 그녀의 남편은 의사입니다.

(연 습)

8. 저의 대학은 사립학교입니다.
→ _____

9. 일본물가는 비쌉니다.
→ _____

10. 그녀의 남편은 연하입니다.
→ _____

11. 일본의 대표적인 요리는 초밥입니다.
→ _____

12. 중국어 발음은 어렵습니다.
→ _____

13. 회사전화번호는 369-4875입니다.
→ _____

14. 제 아내는 미인입니다.
→ _____

■ 참　고 : 명사, い형용사, な형용사의 활용

표현형태		명사	い형용사	な형용사
단정	보통형	美人だ	美しい	きれいだ
	정중형	美人です	美しいです	きれいです
부정	보통형	美人で(は)ない	美しくない	きれいで(は)ない
	보통형	美人で(は)ないです 美人で(は)ありません	美しくないです 美しくありません	きれいで(は)ないです きれいで(は)ありません
연체수식		美人の先生	美しい人	きれいな人

所在・存在표현

3-1. 「Sは Nに ある/いる」문형
: ~는 ~에 있습니다.

> **예시**
> 私の家は金海に あります。　　← 제 집은 김해에 있습니다.
> その本は研究室に あります。　← 그 책은 연구실에 있습니다.
> 名刺は財布の中に あります。　← 명함은 지갑 속에 있습니다.
> 机は窓の近くに あります。　　← 책상은 창문 근처에 있습니다.
> ビデオはテレビの横に ある。　← 비디오는 TV옆에 있다.
> 課長は会議室に います。　　　← 과장님은 회의실에 있습니다.
> カナダはアメリカの隣りに ある。← 캐나다는 미국 옆에 있다.

연습

1. 가족은 모두 부산에 있습니다.
   → _____

2. 부모님은 고향에 계십니다.
   → _____

3. 선생님은 연구실에 있습니다.
   → _____

4. 바다는 강 건너편에 있습니다.
   → _____

5. 서류는 두 번째 서랍에 있습니다.
   → _____

6. 맥주는 냉장고 안에 있습니다.
   → _____

7. 그 책은 세 번째 칸 책장에 있습니다.
   → _____

■ 참 고

　우선, 存在를 나타내는 「あります」와 「います」는 「있습니다」에 해당하고, 부정형 「ありません」「いません」은 「없습니다」에 해당하나, 이들의 쓰임에 있어서는 다르다.

　　「사물이나 식물 + あります/ありません」
　　　本があります。バラがありません。
　　「사람이나 동물 + います/いません」
　　　人がいます。犬がいません。

　다음으로, 「SはNにある/いる」 문형에 있어서, 「Sは」는 구정보인 경우로, 文의 주제를 나타내고, 「Nに」는 「S」가 어디에 存在하고 所在하는 가의 位置를 나타낸다. 이와 같이, 所在文은 存在하는 것을 이미 알고 있고, 존재하는 장소를 問題삼을 경우에 사용된다.

3-2. 「Nに(は) Sがある/いる」문형
： ~에 ~가 있습니다.

> **예 시**
>
> 机の上に写真があります。　← 책상 위에 사진이 있습니다.
> ドアの近くにベッドがあります。　← 문 가까이에 침대가 있습니다.
> 本棚に本と雑誌があります。　← 책장에 책과 잡지가 있습니다.
> 公園の前に図書館があります。　← 공원 앞에 도서관이 있습니다.
> テレビの上に人形があります。　← TV위에 인형이 있습니다.

연 습

8. 주차장에 순찰차가 있습니다.
→ _____

9. 역 앞에 호텔이 있습니다.
→ _____

10. 차안에 사람이 있습니다.
→ _____

11. 학교 안에 우체국이 있습니다.
→ _____

12. 연못 안에 물고기가 있습니다.
→ _____

13. 정원에 개와 고양이가 있습니다.
→ _____

14. 벽 한가운데에 가족사진이 있습니다.
→ _____

15. 버스정류장 옆에 자동판매기가 있다.
→ _____

16. 그 사람 주위에는 친구가 한 명도 없다.

→ _____

◆ 관련문형
 (1) 「XのYに(Zが)いる/ある/いない」문형
　　森本さんの隣りに誰もいません。
　　　← 森本씨옆에 아무도 없습니다.
　　アパートの裏に駐車場がある。
　　　← 아파트뒤쪽에 주차장이 있다.
　　郵便局のそばに銀行がある。
　　　← 우체국 옆에 은행이 있다.
 (2) 「XとYの間に(Zが)いる/ある/いない」문형
　　韓国と日本の間に東海がある。
　　　← 한국과 일본사이에 동해가 있다.
　　ソウルと大邱の中間に大田がある。
　　　← 서울과 대구 중간에 대전이 있다.

▣ 참　고
　이러한 文型은, 주어가 新情報인 경우로, 장소를 나타내는 명사는 상황 설정에 관계되는 것으로, 文頭에 놓이기 쉽고, 主題가 되기 쉬운 것이다. 한편, 新情報인 주어는 주제가 아니기 때문에, 주제가 되기 쉬운 文頭가 아니라, 그 다음에 오게 되는 것이다. 결국, 場所는 이미 알고 있고, 거기에 존재하는 것을 문제삼을 경우에 사용된다.

3-3. 「Nに(は) Sが ～ついている」문형
: ～에 ～가 붙어(달려) 있습니다.

> **예 시**
>
> 玄関には下駄箱が ついています。
> ← 현관에는 신발장이 딸려 있습니다.
> 居間にはクーラが ついています。
> ← 거실에는 에어컨이 딸려 있습니다.
> ベランダに蛇口が ついている。
> ← 베란다에 수도꼭지가 붙어 있다.
> 部屋に小さなお風呂とトイレが ついています。
> ← 방에 작은 욕실과 화장실이 딸려 있습니다.

연 습

17. 제 방에는 벽장이 딸려 있습니다.
→ _____

18. 입장은 무료지만 조건이 붙어 있다.
→ _____

19. 아이 방에 옷장이 딸려 있습니다.
→ _____

20. 욕실에 샤워기가 붙어 있습니다.
→ _____

21. 모든 원숭이에 이름이 붙어 있다.
→ _____

22. 사무실에는 전화와 팩스가 딸려 있다.
→ _____

23. 우승자에게 상금과 상품이 딸려 있다.
→ _____

24. 부엌에는 식기 건조기와 찬장이 붙어 있다.
→ _____

主題・総主표현 04

4-1.「Sは Nが いる/ある」문형
: ~은/는 ~가/이 있습니다.

예시

この池は魚が いなかった。 ← 이 연못은 물고기가 없었다.
中村さんは力が ある。 ← 中村씨는 힘이 있다.
飛行機には乗客が87名います。 ← 비행기에는 승객이 87명 있습니다.
兄弟は兄が一人、妹が二人います。
　　← 형제는 형이 1명, 여동생이 2명 있습니다.

연습

1. 저 사람은 부인이 있습니다.
→ _____

2. 남동생은 아이가 둘 있습니다.
→ _____

3. 아버지는 형제가 4명 있습니다.
→ _____

4. 저는 오후에 약속이 있습니다.
→ _____

5. 사원은 남성이 5명, 여성이 8명 있습니다.
→ _____

6. 학생은 고등학생이 6명, 중학생이 7명 있습니다.
→ _____

7. 친구는 미국인이 2명, 러시아인이 3명 있습니다.
→ _____

4-2.「Sは Xが Yです/だ」문형
： ~는 ~가/이 ~(이)다.

> **예시**
>
> 広島<u>は</u>カキ<u>が</u>有名<u>だ</u>。　　← 히로시마는 굴이 유명하다.
> 香港<u>は</u>夜景<u>が</u>きれい<u>だ</u>。　　← 홍콩은 야경이 아름답다.
> キムチ<u>は</u>韓国<u>が</u>本場<u>だ</u>。　　← 김치는 한국이 본고장이다.
> あの店<u>は</u>明日<u>が</u>オープン<u>だ</u>。　← 그 가게는 내일이 오픈이다.
> 彼女<u>は</u>顔<u>が</u>きれい<u>だった</u>。　← 그녀는 얼굴이 예뻤다.
> 彼<u>は</u>気<u>が</u>強<u>かった</u>。　　← 그는 고집이 세었다.
> 花子<u>は</u>顔<u>が</u>ひろい。　　← 花子는 발이 넓다.
> レモン<u>は</u>ビタミンC<u>が</u>多い。　← 레몬은 비타민C가 많다.

연습

8. 한자는 문자가 복잡하다.
→ _____

9. 그녀는 머리카락이 짧습니다.
→ _____

10. 애니메이션은 일본이 유명하다.
→ _____

11. 제 동생은 키가 큽니다.
→ _____

12. 중국요리는 양이 많다.
→ _____

13. 범인은 키가 크고 미남이다.
→ _____

14. 뱀은 몸이 길고, 토끼는 귀가 크다.
→ _____

15. 코끼리는 코가 길고 기린은 목이 길다.
  →

16. 친구의 죽음은 스트레스가 원인이었다.
  →

◨ 참 고

「SはXがYです/だ」構文은, 「SのXはYです/だ」 「XがSのYです/だ」構文으로 바꿔 쓸 수 있다. 이때, 前者는 S의 성질을 말하는 文이며, 後者는 S의 X에 대해서 말하는 文이다.

広島のカキは有名だ。　　　← 히로시마 굴은 유명하다.
香港の夜景はきれいだ。　　← 홍콩야경은 아름답다.
韓国がキムチの本場だ。　　← 한국이 김치의 본고장이다.
明日があの店のオープンだ。← 내일이 그 가게의 오픈이다.

4-3. 「S(に)は Nが/も (い)ない」文型
: ~은/는 ~없습니다.

> **예 시**
>
> 教室には誰も いません。　　← 교실에는 아무도 없습니다.
> 彼はどこにも いません。　　← 그는 어디에도 없습니다.
> お客さんは一人も いません。　　← 손님은 한사람도 없습니다.
> 動物園にはキリンは いません。　　← 동물원에는 기린은 없습니다.
> 部屋の中には人が いません。　　← 방안에는 사람이 없습니다.

연 습

17. 아빠는 지금 집에 없습니다.
→ _____

18. 그녀는 부모가 없습니다.
→ _____

19. 지갑 속에는 돈이 없다.
→ _____

20. 화성에는 생명체가 없습니다.
→ _____

21. 수족관에는 큰 물고기가 없습니다.
→ _____

22. 그녀의 가슴속에는 제가 없습니다.
→ _____

23. 부산에는 스키장이 없습니다.
→ _____

4-4. 「Sは ～たり～たりする/です」文型
: ～은/는～하기도～하기도 합니다.

> **예 시**
>
> 人々は笑ったり泣いたりします。
>   ← 사람들은 웃거나 울거나 합니다.
> 仕事はうまく行ったり行かなかったりです。
>   ← 일은 잘되거나 안되거나 합니다.
> 週末は山に上ったり海へ行ったりします。
>   ← 주말은 산에 오르거나 바다에 가거나 합니다.
> 休みの日はビデオを見たり音楽を聞いたりします。
>   ← 쉬는 날은 비디오를 보거나 음악을 듣거나 합니다.
> 彼女の絵のモチーフは花だったり鳥だったりです。
>   ← 그녀의 그림의 주제는 꽃이거나 새이거나 합니다.
> 銀行ではお金を出したり、入れたりします。
>   ← 은행에서는 입금하기도 하고 출금하기도 합니다.

연 습

24. 아이가 앉기도 하고 서기도 합니다.
  → _____

25. 아빠는 정원을 오고가고 하고 있다.
  → _____

26. 남부지방은 맑기도 흐리기도 합니다.
  → _____

27. 학회는 참가하기도 안 하기도 합니다.
  → _____

28. 저 가게는 언제나 사람이 들락날락 합니다.
  → _____

29. 공원에서는 운동하기도 하고 산책하기도 합니다.
　→ _____

30. 학생은 큰소리로 웃기도 하고 얘기하기도 합니다.
　→ _____

31. 한가할 때는 책을 읽거나 음악을 듣거나 합니다.
　→ _____

32. 도서관에서는 신문을 읽기도 하고 책을 빌리기도 합니다.
　→ _____

■ 참 고

　이러한 문형은, 어떤 状態나 行為를 반복하는 경우나, 두 개의 対照的인 状態를 표현할 때 자주 사용된다.

比較・対比表현

5-1. 2者 비교

5-1-1. 「SはNより(も)~です」문형

예시

今日は昨日より(も)寒いです。　← 오늘은 어제보다 춥습니다.
彼は私より(も)背が高いです。　← 그는 나보다 키가 큽니다.
平仮名は漢字より難しくない。　← 히라가나는 한자보다 어렵지 않다.
韓国は北朝鮮より(も)人口が多い。← 한국은 북한보다 인구가 많다.

연습

1. 아내는 나보다 술을 잘 마신다.
   → _____

2. 주말은 평일보다 훨씬 비싸다.
   → _____

3. 나는 콜라보다 사이다를 좋아한다.
   → _____

4. 한국요리는 일본요리보다 맵습니다.
   → _____

5. 맥주는 위스키보다 마시기 쉽습니다.
   → _____

6. 후쿠오카는 비행기보다 배가 훨씬 편리하다.
   → _____

7. 그녀는 나보다 성질이 급합니다.
   → _____

5-1-2. 「SはN1のほうが(N2より)～です」문형

> **예 시**
>
> ミカンよりリンゴの方がおいしいです。 ← 귤보다 사과가 맛있습니다.
> 課長より部長の方が英語が上手だ。 ← 과장보다 부장이 영어를 잘한다.
> 私は中国語の方が日本語より難しい。
> 　　← 나는 중국어가 일본어보다 어렵다.
> 人口は釜山の方が大田より多いです。
> 　　← 인구는 부산이 대전보다 많습니다.
> 発音は日本語の方が中国語よりやさしい。
> 　　← 발음은 일본어가 중국어보다 쉽다.

연습

8. 돼지고기가 소고기보다 쌉니다.
→ _____

9. 지하철이 버스보다 빠릅니다.
→ _____

10. 박사과정이 석사과정보다 어렵습니다.
→ _____

11. 문법은 일본어가 한국어보다 복잡합니다.
→ _____

12. 그는 공부하는 시간보다 노는 시간이 많습니다.
→ _____

13. 그녀는 자고 있는 시간이 일어나 있는 시간보다 깁니다.
→ _____

■ 참 고

　이러한 구문으로 사용되는 경우, 「～のほう」를 붙임으로서, N1을 더욱 강조하는 뉘앙스가 있다.

5-1-3. 「SはNほど〜くない」문형

> **예 시**
> 片仮名は漢字ほど難しくない。
>   ← 가타가나는 한자만큼 어렵지 않다.
> 父親は母親ほど頭がよくないです。
>   ← 아버지는 엄마처럼 머리가 좋지 않습니다.
> 金海の人口は釜山ほど多くないです。
>   ← 김해인구는 부산만큼 많지 않습니다.
> 富士山はエベレストほど高くないです。
>   ← 후지산은 에베레스트만큼 높지 않습니다.

연 습

14. 로마는 런던만큼 춥지 않습니다.
→ _____

15. 나는 그녀만큼 영어를 잘 못한다.
→ _____

16. 일본어발음은 중국어만큼 어렵지 않다.
→ _____

17. 한국산 자동차는 일본산 자동차만큼 비싸지 않다.
→ _____

18. 오사카는 도쿄만큼 인구가 많지 않습니다.
→ _____

19. 좌측 방은 우측 방만큼 넓지 않습니다.
→ _____

20. 이것은 저것만큼 무겁지 않습니다.
→ _____

5-1-4. 「(Sは)N1は/が～が, N2は～です」문형

> **예시**
> 私は背が低いが、体は丈夫です。
> ← 저는 키가 작지만 몸은 튼튼합니다.
> 日本語の発音はやさしいが、文法は難しい。
> ← 일본어발음은 쉽지만, 문법은 어렵다.
> ここではお酒は飲めるが、タバコは吸えません。
> ← 여기서는 술은 마실 수 있지만, 담배는 피울 수 없습니다.
> 彼は英語ができるが、中国語はできないんです。
> ← 그는 영어를 할 수 있지만, 중국어는 할 수 없습니다.

연습

21. 저 사람은 눈이 나쁘지만, 귀는 밝다.
→ _____

22. 목은 마르지만, 배는 고프지 않다.
→ _____

23. 코끼리는 코가 길지만, 꼬리는 짧습니다.
→ _____

24. 일본은 인구가 많지만, 땅은 좁습니다.
→ _____

25. 저 가게는 가격이 싸지만, 물건은 좋지 않다.
→ _____

26. 이 공원은 나무가 많지만, 운동시설은 부족합니다.
→ _____

27. 나는 피아노를 칠 수 없지만, 기타는 칠 수 있다.
→ _____

28. 이 신제품은 가격이 비싸지만, 편리한 기능은 많다.
→ _____

5-2. 3者이상 비교

「SではNがいちばん(最も)～だ」문형

> **예 시**
>
> 動物の中では鯨が最も大きい。 ← 동물 중에서는 고래가 가장 크다.
> ここではあの病院が一番有名だ。 ← 여기에서는 그 병원이 가장 유명하다.
> スポーツではサッカが一番好きだ。 ← 스포츠에서는 축구를 가장 좋아한다.
> 3人の中では彼が最も適任だと思う。
> ← 세 사람 중에서는 그가 가장 적임자라고 생각한다.
> 学生の間ではバスケットボールが一番盛んだ。
> ← 학생들 사이에서는 무엇보다도 농구가 유행이다.

연 습

29. 내 친구 중에는 공무원이 가장 많다.
 → _____

30. 일본에서는 후지산이 가장 높다.
 → _____

31. 육류 중에서는 소고기를 가장 잘 먹는다.
 → _____

32. 과일 중에서는 사과를 가장 좋아한다.
 → _____

33. 위암분야에서는 그가 가장 유명하다.
 → _____

34. 일본 요리 중에서는 초밥을 가장 좋아한다.
 → _____

35. 우리 학교에서는 영어를 가르치는 선생님이 가장 많다.
 → _____

 動作표현

6-1. 동작의 実現

「Sは/がXに/とN(を)する」문형

예 시

母親が子供に字を教える。　　　← 엄마가 아이에게 글씨를 가르친다.
子供が犬に餌をやります。　　　← 아이가 개에게 먹이를 줍니다.
学生が先生に質問した。　　　　← 학생이 선생님에게 질문했다.
PさんはKさんとけんかをしました。← P씨는 K씨와 싸웠습니다.
父が母と20年前結婚しました。　← 아빠는 엄마와 20년 전에 결혼했습니다.

연 습

1. 저는 친구에게 약속을 했습니다.
   → _____

2. 아빠는 가끔 엄마와 토론합니다.
   → _____

3. 매일아침 친구와 테니스를 칩니다.
   → _____

4. 딸은 오늘 친구와 싸웠습니다.
   → _____

5. 나는 매일 그녀에게 전화를 겁니다.
   → _____

6. 어제 그녀와 영화를 보았습니다.
   → _____

7. 친구는 매주 토요일 애인과 만납니다.
   → _____

8. 선생님은 학생에게 영어로 질문합니다.
   → _____

6-2. 동작의 目的

「Sは場所へ目的にVする」문형

> **예시**
> 私は山へスキに行きます。　　← 저는 산에 스키 타러 갑니다.
> 彼は工場へ働きに行きます。　　← 그는 공장에 일하러 갑니다.
> 家へ忘れ物を取りに戻る。　　← 집에 잊은 물건을 가지러 돌아온다.
> 友人が私のところへ遊びに来た。　　← 친구가 내게 놀러 왔다.
> 多くの人が京都へ祭りを見にかけつけた。
> 　　← 많은 사람이 교토에 축제를 보러 몰려들었다.

연습

9. 내일 현장에 실습하러 갑니다.
→ _____

10. 저는 지금 친구 집에 놀러 갑니다.
→ _____

11. 그녀와 문화회관에 연극 보러 갑니다.
→ _____

12. 아내와 콘서트에 음악을 들으러 갑니다.
→ _____

13. 가족과 함께 노래방에 노래부르러 갑니다.
→ _____

14. 다음달 일본에 기술 배우러 갑니다.
→ _____

15. 그는 미국에서 한국어를 공부하러 왔습니다.
→ _____

6-3. 동작의 連続

「Aをして(から)、Bをする」문형

> **예 시**
>
> デパートへ行って、スーツを買う。　← 백화점에 가서 양복을 산다.
> お風呂に入ってから、ご飯を食べる。　← 목욕하고 나서 밥을 먹는다.
> テープを聞いて、日本語の勉強をします。
> 　← 테이프를 듣고 일본어 공부를 합니다.
> 授業を聞いてから、アルバイトをします。
> 　← 수업을 듣고 나서 아르바이트를 합니다.

연 습

16. 양치질하고 세수합니다.
→ _____

17. 신문을 읽고 나서 산책을 했다.
→ _____

18. 책을 읽고 요리를 만듭니다.
→ _____

19. 전화하고 나서 친구 집에 갔습니다.
→ _____

20. 청소하고 나서, 빨래를 합니다.
→ _____

21. 준비운동하고 테니스를 칩니다.
→ _____

22. 언제나 술 마시고 나서 밥을 먹습니다.
→ _____

6-4. 同時動作

「Aをしながら、Bをする」문형

예 시

本を読みながら歩く。	← 책을 읽으면서 걷는다.
電話をしながら、車を運転する。	← 전화를 하면서 차를 운전한다.
ギターを引きながら、歌を歌います。	← 기타를 치면서 노래를 부릅니다.
ダンスをしながら、シャワーを浴びる。	← 춤을 추면서 샤워를 한다.
ポップコーンを食べながら映画を見る。	← 팝콘을 먹으면서 영화를 본다.

연 습

23. 밥을 먹으면서 신문을 본다.
　→ _____

24. TV를 보면서 요리를 만든다.
　→ _____

25. 담배를 피우면서 논문을 쓴다.
　→ _____

26. 친구와 이야기하면서 술을 마신다.
　→ _____

27. 사전을 찾아가면서 편지를 쓴다.
　→ _____

28. 음악을 들으면서 커피를 마십니다.
　→ _____

29. 맥주를 마시면서 영화를 보았다.
　→ _____

6-5. 動作含有

「Sは Nだ/にする」문형

> **예 시**
>
> 僕<u>は</u>コーヒー<u>だ</u>。
> ← 나는 커피다. (僕はコーヒーを飲む)의 意味
> 彼<u>は</u>飛行機<u>だ</u>。
> ← 그는 비행기다. (彼は飛行機に乗る)의 意味
> ビール<u>は</u>こちら<u>だ</u>。
> ← 맥주는 이쪽이다. (ビールはこちらで頼んだ)의 意味
> 私<u>は</u>明日<u>にする</u>。
> ← 나는 내일로 하겠다. (私は明日に決める。)의 意味
> あたし<u>は</u>ジュース<u>にする</u>。
> ← 나는 주스로 하겠다. (あたしはジュースに決める。) 의 意味

연 습

30. 그는 수박이다.
→ _____

31. 위스키는 저쪽이다.
→ _____

32. 나는 싼 것으로 한다.
→ _____

33. 그녀는 아이스크림이다.
→ _____

34. 나는 동경대학으로 한다.
→ _____

比喩표현

7-1. 「Sは/が〜のように〜だ」문형

예 시

肌色が雪のように白いです。　　　← 피부색이 눈처럼 하얗습니다.
ほっぺたがリンゴのように赤い。　← 얼굴이 사과처럼 빨갛다.
足が棒のように疲れました。　　　← 다리가 막대처럼 지쳤습니다.
春風が冬風のように冷たいです。　← 봄바람이 겨울바람처럼 차갑습니다.

연 습

1. 일이 산처럼 많이 있다.
   → _____

2. 손이 어름처럼 차갑다.
   → _____

3. 앵무새가 사람처럼 말한다.
   → _____

4. 산이 그림처럼 바뀌어 갑니다.
   → _____

5. 그녀는 남자처럼 머리카락이 짧다.
   → _____

6. 요즈음은 하루가 1년처럼 느껴진다.
   → _____

7. 그녀는 인형처럼 살결이 하얗습니다.
   → _____

8. 로봇이 사람처럼 움직인다.
   → _____

제Ⅰ장 各種표현 작문하기

7-2. 「SはN1のようなN2をしている」문형

> **예시**
> 娘は人形のような顔をしている。
> ← 딸은 인형 같은 얼굴을 하고 있다.
> 彼は虎のような目をしています。
> ← 그는 호랑이 같은 눈을 하고 있습니다.
> 桜の花のような色をしています。
> ← 벚꽃 같은 색을 띠고 있습니다.
> あの岩はウサギのような形をしている。
> ← 저 바위는 토끼와 같은 형태를 하고 있다.

연습

9. 그녀는 어린애 같은 얼굴을 하고 있다.
→ _____

10. 그 남자는 여자와 같은 목소리를 냅니다.
→ _____

11. 친구는 원숭이 같은 흉내를 잘 냅니다.
→ _____

12. 범인은 여우 같은 눈을 하고 있습니다.
→ _____

13. 과장님은 언제나 괴물 같은 표정을 하고 있다.
→ _____

14. 저 섬은 소가 누워있는 것 같은 형태를 하고 있다.
→ _____

可能표현

8-1. 「동사의 기본형 + ことができる」문형

예시

英語で話すことができる。　　　　← 영어로 말할 수 있다.
100メートル泳ぐことができる。　← 100미터 헤엄칠 수 있다.
水道の水は飲むことができます。　← 수돗물은 마실 수가 있습니다.
子供に煙草を売ることができません。← 아이에게 담배를 팔 수 없습니다.

연습

1. 발표는 일본어로 말할 수 있다.
　→ _____

2. 선생님은 술을 마실 수가 없습니다.
　→ _____

3. 돈이 없어서 아무데도 갈 수 없다.
　→ _____

4. 도서관에서 비디오를 빌릴 수 있습니다.
　→ _____

5. 여기는 잔디에 들어갈 수 없습니다.
　→ _____

6. 그녀는 볼 수도, 들을 수도 없습니다.
　→ _____

7. 지하철 안에서는 담배를 피울 수가 없습니다.
　→ _____

8. 나에게 첫사랑의 추억은 잊을 수 없습니다.
　→ _____

9. 아르바이트덕분에 여러 가지 요리랑 말을 배울 수가 있었다.
　→ _____

8-2. 기능동사(파생에 의한 것) 문형

> **예 시**
>
> 駝鳥は飛べない鳥類である。　← 타조는 날 수 없는 조류이다.
> 朝6時には起き(ら)れないよ。　← 아침 6시에는 일어날 수 없어요.
> 来(ら)れたらもう一度来ます。　← 올 수 있으면 다시 한번 오겠습니다.
> チェーンをかけた車は雪道を走れます。
> 　← 체인을 감은 차는 눈길을 달릴 수 있습니다.
> 老人と子供は半額で入れます。
> 　← 노인과 어린이는 반액으로 들어갈 수 있습니다.
> イギリス人の友達は箸が使えません。
> 　← 영국인 친구는 젓가락을 사용할 수 없습니다.

연 습

10. 아버지는 컴퓨터를 사용할 수 없다.
→ _____

11. 내일 아침 일찍 올 수 있습니다.
→ _____

12. 이틀 걸려 겨우 리포트를 쓸 수 있었다.
→ _____

13. 국제회의에서는 일본어로 말할 수 없다.
→ _____

14. 그녀는 외국어를 3개 이상 말할 수 있다.
→ _____

15. 이 식당에서는 싸고 맛있는 것을 먹을 수 있다.
→ _____

16. 이 제품은 어디서든 살수 있다고 생각합니다.
→ _____

17. 대학 안의 은행에서도 일본 돈으로 바꿀 수 있다.
→ _____

18. 지금 수영장이 공사 중이어서 수영할 수 없습니다.
→ _____

■ 참 고 1 <可能動詞 만들기>
  1) 五段동사 : 활용어미 ウ단을 エ단으로 바꾸고 る를 붙인다.
      書く → 書ける   読む → 読める

  2) 上一段동사, 下一段동사 : る를 없애고 「られる」가 첨가된다. 이때, ら가 빠진 「れる」의 형태는 젊은층이 많이 사용한다.
      見る → 見られる、見れる   出る → 出られる、出れる

  3) 変格動詞 : 語幹이 바뀌거나, 다른 形態가 된다.
      来る → 来られる、来れる   する → できる

■ 참 고 2 <助詞>
  일반적으로 可能動詞를 사용한 경우의 対象語는 「が」로 나타낸다.
      牛肉を食べます。   → 牛肉が食べられます。
      歌をうたいます。   → 歌が歌えます。
  그러나, 起点을 나타내는 「を」나 「を」이외의 조사는 바꿀 수 없다.
      10時に家を出ます。   → 10時に家を出られます。
      自転車に乗ります。   → 自転車に乗れます。
      一人で日本へ行きます。 → 一人で日本へ行けます。
  통과하는 장소를 나타내는 「を」도 主語의 능력을 말하는 경우에는 「が」로 바꿀 필요는 없다.
      鳥は空を速く飛びます。 → 鳥は空を速く飛べます。

8-3. 「동작성명사 + ができる」문형

> **예 시**
> 彼女は英語が できる。　　　　　← 그녀는 영어를 잘한다.
> その意見には賛成(が)できない。　← 그 의견에는 찬성할 수 없다.
> ここならゆっくり話しが できる。　← 여기라면 편히 이야기 할 수 있다.
> 私は車の運転が できます。　　　← 저는 운전할 수 있습니다.
> 彼はトランプの手品が できます。　← 저는 카드마술을 할 수 있습니다.

연 습

19. 나는 스키를 탈수 있다.
→ _____

20. 엄마는 컴퓨터통신이 가능합니다.
→ _____

21. 그녀는 수영을 할 수 있습니다.
→ _____

22. 이 정도 거리는 통학할 수 있습니다.
→ _____

23. 그는 일본어와 중국어를 말할 수 있다.
→ _____

24. 어제는 너무 바빠서 운동할 수 없었다.
→ _____

25. 돔에서는 비 오는 날에도 야구할 수 있다.
→ _____

26. 이 분야만은 공동으로 연구할 수 없습니다.
→ _____

8-4. 「가능동사 + ようになる」문형
일정기간 노력한 대가로 가능해졌다는 것을 나타내는 표현이다.

> **예 시**
>
> 私は6才の時、自転車に乗れる ようになった。
> ← 나는 여섯 살 때 자전거를 탈 수 있게 되었다.
> 飲み物が安く買える ようになった。 ← 음료수를 싸게 살수 있게 되었다.
> ご飯が食べられる ようになりました。← 밥을 먹을 수 있게 되었습니다.
> 日本語が話せる ようになりました。
> ← 일본어를 말할 수 있게 되었습니다.
> 食堂でテレビが見られる ようになった。
> ← 식당에서 TV를 볼 수 있게 되었다.

연 습

27. 일본신문을 읽을 수 있게 되었다.
→ _____

28. 한자를 능숙하게 쓸 수 있게 되었다.
→ _____

29. 아침 일찍 일어날 수 있게 되었습니다.
→ _____

30. 학교 앞에 차를 세울 수 있게 되었다.
→ _____

31. 대학까지 전차로 올 수 있게 되었다.
→ _____

32. 일주일 연습해서 자전거를 탈 수 있게 되었다.
→ _____

33. 아내는 영어로 전화를 걸 수 있게 되었다.
→ _____

8-5. 그 밖의 가능표현

(1) 助動詞「れる・られる」를 사용해, 可能을 나타낸다.
　　ここは車が<u>止められる</u>。　　　← 여기는 차를 세울 수 있다.
　　その木の実は<u>食べられます</u>。　← 그 나무 열매는 먹을 수 있습니다.
　　お金が<u>借りられます</u>。　　　　← 돈을 빌릴 수가 있습니다.
　　明日の朝早く<u>来られます</u>。　　← 내일 아침 일찍 올 수 있습니다.
　　このスイカはまだ<u>食べられません</u>。
　　　← 이 수박은 아직 먹을 수 없습니다.

(2)「得(う/え)る」를 接尾語的으로 사용해, 可能을 나타낸다.
　　そんなことは<u>あり得ない</u>。　　← 그런 일은 있을 수 없다.
　　一人の犯行だとも<u>考え得る</u>。　← 단독 범행이라고도 생각할 수 있다.

(3)「かねる, わけにはいかない」를 사용해, 可能을 나타낸다.
　　すぐにはご返事いた<u>しかねます</u>。← 금방은 대답할 수 없습니다.
　　こんな天気に船を出す<u>わけにはいかない</u>。
　　　← 이런 날씨에 배를 출항시킬 수는 없다.

(4)「可能だ, 不可能だ」을 사용해, 可能을 나타낸다.
　　それを実行するのは<u>可能だ</u>。　← 그것을 실행하는 것은 가능하다.
　　今年まで、本を書き上げることは<u>不可能だ</u>。
　　　← 올해까지 책을 완성하는 것은 불가능하다.

(5)「だめだ, 無理だ」을 사용해, 不可能을 나타낸다.
　　仕事があるので今日は<u>だめ</u>です。← 일이 있어서 오늘은 안됩니다.
　　風邪ですから出かけるのは<u>無理</u>です。
　　　← 감기라서 외출하는 것은 무리입니다.

(6) 自動詞의「見える, 聞こえる, 分かる, 入る, 要る, 切れる」등은 可能의 意味를 나타내기도 한다.

　　このかばんはあまり入らない。　← 이 가방은 그다지 들어가지 않는다.
　　ここなら花火がよく見える。　← 이곳이라면 불꽃놀이가 잘 보인다.
　　この犬は人の言うことが分かる。← 이 개는 사람 말을 알아듣는다.
　　隣の部屋からクラシックが聞こえます。
　　　←옆방에서 클래식음악이 들려옵니다.
　　あの人は耳が聞こえません。　← 저 사람은 귀가 안 들립니다.
　　彼女は目が見えません。　　← 그녀는 눈이 보이지 않습니다.
　　63ビルに登れば、ソウルが一目に見える。
　　　← 63빌딩에 오르면, 서울이 한눈에 보인다.
　　彼とは切っても切れぬ縁である。
　　　← 그와는 끊을래 도 끊을 수 없는 인연이다.

◆ TV프로나 試合・演奏등에 意識的으로 注意시킬 경우, 可能形을 사용하고, 自発形은 사용할 수 없다.

　　電車に間に合えば、9時のニュースが見られる(*見える)。
　　　← 전차를 타면 9시 뉴스를 볼 수 있다.
　　このボタンで選べば、好きな曲が聞けます(*聞こえます)。
　　　← 이 보턴으로 선택하면 좋아하는 곡을 들을 수 있다.

 希望・願望표현

9-1. 본인의 希望・願望표현

9-1-1.「~が/を 動詞의 連用形 + たい」문형
　　　: ~을 하고 싶다.

예 시

私はゆっくり休み<u>たい</u>です。　　← 저는 푹 쉬고 싶습니다.
私は冷たい水が飲み<u>たかった</u>。　← 나는 냉수가 마시고 싶었다.
新しい洋服が買い<u>たかった</u>。　　← 새 양복을 사고싶었다.
私はチョコレートが食べ<u>たい</u>です。← 저는 초콜렛을 먹고 싶습니다.
私は将来、国会議員になり<u>たい</u>。　← 저는 장래 국회의원이 되고 싶다.

연 습

1. 나는 빨리 결혼하고 싶었다.
　→ _____

2. 시원한 맥주가 마시고 싶다.
　→ _____

3. 지금, 아무것도 먹고싶지 않다.
　→ _____

4. 가족에게 뭔가 사가고 싶습니다.
　→ _____

5. 저는 아무하고도 만나고 싶지 않았다.
　→ _____

6. 이번 여름방학 때 바다에 가고 싶습니다.
　→ _____

7. 중학교 때, 나는 선생님이 되고 싶었다.
　→ _____

8. 나는 지금 집에 돌아가고 싶지 않습니다.
　→ _____

9. 복사하고 싶지만, 사용방법을 모릅니다.
　→ _____

9-1-2.「〜がほしい」문형
 : 〜이 필요하다.

예 시

私はお金<u>がほしい</u>。	← 나는 돈이 필요하다.
私は車<u>がほしかった</u>。	← 나는 차가 필요했다.
私は時間<u>がほしい</u>。	← 나는 시간이 필요하다.
私は助け<u>がほしい</u>。	← 나는 도움이 필요하다.
私はデジタルカメラ<u>がほしい</u>。	← 나는 디지털카메라가 필요하다.

연 습

10. 내게는 휴식이 필요했다.
→ _____

11. 나는 가을 양복이 필요하다.
→ _____

12. 결혼해서 살집이 필요했다.
→ _____

13. 나는 새로운 휴대폰이 필요하다.
→ _____

14. 테니스 라켓이 필요합니다.
→ _____

15. 지금 무엇이 가장 필요합니까.
→ _____

16. 피아노를 살 돈이 필요합니다.
→ _____

▣ 참 고
「たい」나「ほしい」의 경우, 대상물을 나타내는 조사는「が」가 주로 쓰이기 때문에,「〜が〜たい」「〜がほしい」構文으로 많이 쓰인다.

9-1-3. 「動詞의 て形 + ほしい(もらいたい/いただきたい)」문형
: ~했으면 한다.

> **예 시**
> あなたに行ってほしいです。 ← 당신이 갔으면 합니다.
> 早く冬休みが来てほしいな。 ← 빨리 겨울방학이 왔으면 좋으련만.
> 私は妻にいつまでもきれいでいてほしい/てもらいたい。
>   ← 나는 아내가 언제까지나 아름다웠으면 한다.
> ちょっと教えていただきたいのです。 ← 좀 가르쳐 주셨으면 합니다.
> これについて何も言ってもらいたくない。
>   ← 이것에 대해서 아무것도 말하지 않았으면 한다.

연 습

17. 프랑스에 대해서 가르쳐 주었으면 한다.
→ _____

18. 그녀가 좀더 친절(상냥)했으면 합니다.
→ _____

19. 친구가 책을 빨리 돌려주었으면 한다.
→ _____

20. 일을 그만 뒀으면 합니다만.
→ _____

21. 긴 전화는 가능하면 삼갔으면 합니다.
→ _____

■ 참 고
　他人의 動作・狀態를 원할 경우, 동작・상태의 주체는「に格」으로 나타내고, 어떤 事態의 성립을 원할 경우, 주체는「が格」으로 나타낸다.
　이때의「ほしい」는「もらいたい/いただきたい」라는 형태로도 나타낸다.

9-1-4. 「~と/ばいい(なあ), ~ない/ないものか(なあ)」문형
: ~했으면 좋으련만.

예 시

早く冬休みになるといいなあ。　← 빨리 겨울방학이 오면 좋겠구나.
だれか遊びに来ないかな。　← 누군가 놀러오지 않을까.
雨が降ってくれればいいなあ。　← 비가 와주면 좋으련만.
もっとうまくできないものか。　← 좀더 잘할 수 없는 것인가.

연 습

22. 빨리 아내를 만나면 좋겠구나.
→ _____

23. 누가 숙제를 해주지 않을까.
→ _____

24. 친구가 와주면 좋으련만.
→ _____

25. 빨리 끝날 수 없는 것인가.
→ _____

26. 이번에야말로 실험이 성공하면 좋으련만
→ _____

27. 그녀와 헤어질 수 없는 것인가
→ _____

9-2. 제3자의 希望・願望표현

9-2-1.「~を 동사의 연용형 + たがる」「형용사의 연용형 + がる」문형
     : ~을/를 ~하고 싶어한다.

예시

兄は日本料理を食べたがっている。 ← 형은 일본요리를 먹고 싶어한다.
彼は英会話を習いたがっていた。 ← 그는 영어회화를 배우고 싶어했다.
父はうれしがっています。 ← 아빠는 기뻐하고 있습니다.
友達は桜の花を見たがっている。 ← 친구는 벚꽃을 보고 싶어한다.

연습

28. 그녀는 빨리 결혼하고 싶어한다.
   → _____

29. 그는 지금 외로워하고 있다.
   → _____

30. 선생님은 슬퍼하고 있습니다.
   → _____

31. 아내가 여행가고 싶어합니다.
   → _____

32. 아이들은 단 것을 먹고 싶어한다.
   → _____

33. 친구는 그림을 배우고 싶어한다.
   → _____

■ 참 고

「がる」는 第3者가 必要로 하거나, 願望하고 있는 것만이 아니라, 제3자가 생각하고 있는 것이나, 느끼고 있는 모습을 나타낼 때도 사용된다. 또, 사실은 그렇지 않은데, 그런 모습・기색을 하고 있는 경우에도 사용된다.

あの人はたいして仕事もないのに、いつも忙しがっている。
    (저 사람은 특별히 일도 없는데, 언제나 바쁜척한다)
あの子はたいして痛くないのに、痛がって他人の同情を引こうとしている。
    (저 아이는 특별히 아프지도 않은데, 타인의 동정을 끌려고 한다.)

9-2-2.「〜を ＋ ほしがる」「〜たいと言っている」문형
　　　： 〜을/를 〜필요로 한다/하고 싶어한다.

> **예 시**
> 田中は新車をほしがる。
> 　　← 다나까는 새차를 필요로 한다.
> 彼はカメラを欲しがっている。
> 　　← 그는 카메라를 필요로 하고 있다.
> 彼女は英会話を習いたいと言っている。
> 　　← 그녀는 영어회화를 배우고 싶다고 한다.
> 彼は花子に会いたいと言っている。
> 　　← 그는 하나꼬를 만나고 싶다고 한다.
> 子供は外で遊びたいと言っています。
> 　　← 아이는 밖에서 놀고 싶다고 말합니다.

연 습

34. 그녀는 새로운 핸드백을 필요로 한다.
　→ _____

35. 여동생은 일본에 가고 싶다고 한다.
　→ _____

36. 친구는 돈을 필요로 한다.
　→ _____

37. 그는 야구선수가 되고 싶다고 한다.
　→ _____

38. 그녀는 빨리 졸업하고 싶다고 한다.
　→ _____

39. 사람들은 어떤 물건을 필요로 합니까.
　→ _____

40. 누나아이가 인형을 갖고 싶어한다.
  → _____

41. 아이들이 원하는 것은 어떤 것입니까.
  → _____

■ 참 고

「たがる」나 「ほしがる」의 경우, 3인칭 주체의 희망의 대상물에는 「～を」가 주로 쓰인다. 이 경우, 「～たがっている」는 「～たいと言っている」로 바꿔 쓸 수 있다. 또, 「일반적으로 누구라도 필요하다」「개인의 경우도 언제나 필요하다고 한다」라는 것을 표현할 경우는, 「欲しがります」를 사용한다.

　　　子供はお菓子を<u>欲しがります</u>。(아이는 과자를 좋아합니다)
　　　女の子は人形を<u>欲しがります</u>。(여자는 인형을 좋아합니다)
　　　うちの主人は新しい物が出ると、すぐ<u>欲しがります</u>。
　　　(제 남편은 새 물건이 나오면 곧 가지고 싶어합니다)

9-2-3. 「~がほしい/たい」+「のだ、だろう、らしい、そうだ、ですか」문형
　　　: ~하고 싶은/을 것이다/것 같다. ~하고 싶다고 한다.

> **예 시**
> 妹はパンダが見たいらしい。
> 　　← 여동생은 팬더를 보고 싶은 것 같다.
> 彼女はセーターがほしいのです。
> 　　← 그녀는 스웨터가 필요한 것입니다.
> 友人はマンションが買いたいそうだ。
> 　　← 친구는 맨션를 사고싶다고 한다.
> あなたは今どんな物がほしいですか。
> 　　← 당신은 지금 어떤 것을 원합니까.
> 運動した後は、ビールが飲みたくなるだろう。
> 　　← 운동 후에는 맥주가 마시고 싶을 것이다.

연 습

42. 친구는 여자친구가 필요한 것이다.
→ _____

43. 아빠는 고모가 보고싶다고 한다.
→ _____

44. 그녀는 디지털카메라가 필요할 것이다.
→ _____

45. 일본 소설책을 읽고 싶은 것 같다.
→ _____

46. 그는 일본어변론대회에 나가고 싶은 것 같다.
→ _____

10 禁止표현

10-1. 「動詞나 助動詞의 연용형 + てはいけない」문형
：~해서는 안 된다.

예 시

嘘をついてはいけません。　　　　← 거짓말을 해서는 안됩니다.
お先に家へ帰ってはいけない。　　← 먼저 집에 돌아가면 안 된다.
お酒を飲んではいけません。　　　← 술을 마셔서는 안됩니다.
大きい声で話してはいけません。　← 큰 소리로 이야기해서는 안됩니다.
ああいう人と付き合っちゃいけない。← 저런 사람과 사귀어서는 안 된다.

연 습

1. 위험한곳에서 놀아서는 안됩니다.
   → _____

2. 교실에서 술을 마셔서는 안됩니다.
   → _____

3. 미성년자에게 담배를 팔아서는 안 된다.
   → _____

4. 동료에게 폭력을 사용해서는 안됩니다.
   → _____

5. 다른 사람이 보고 있으니까, 여기에 들어와서는 안됩니다.
   → _____

6. 내일 건강검진이 있으니까, 밤9시 이후 먹어서는 안 된다.
   → _____

■ 참 고

동작의 결과가 바람직하지 않은 것을 상대에게 指摘해, 禁止를 나타내고 있다. 즉, 상대의 行爲를 禁止하거나 인정하려고 하지 않을 때 사용된다. 그리고, 文体에 따라서「てはいけません」「てはいかん」「ちゃいけません」「ちゃいけない」「ちゃいかん」등 여러 形態로 사용된다.

10-2. 「動詞나 助動詞의 연용형 + てはならない」문형
: ~해서는 안 된다.

1. 예 시

やたらに人のうわさをしてはならない。 ← 함부로 소문을 내서는 안 된다.
二度とあんなまねをさせてはならぬ。
　　← 두 번 다시 저런 흉내를 내게 해서는 안 된다.
一度や二度の失敗で、あきらめてはならない。
　　← 한번이나 두 번의 실패로 단념해서는 안 된다.

연 습

7. 경찰이 오기 전에, 누구도 여기에 들어가서는 안 된다.
　→ _____

8. 문제가 있으므로, 대책을 강구하지 않으면 안 된다.
　→ _____

9. 올해는 논문을 완성하지 않으면 안 된다.
　→ _____

10. 약은 함부로 먹어서는 안 된다.
　→ _____

11. 밤늦게까지 피아노를 쳐서는 안 된다.
　→ _____

◘ 참 고

상대의 行爲를 禁止하지만, 義務感이나 責任感에서 당연히 그렇게 해야 한다고 하는 사항에 사용된다. 따라서, 社會 一般的으로 볼 때, 있을 수 없는 행위를 문제삼는 일이 많다.

또, 文体에 따라 「てはなりません」「てはならん」「てはならぬ」등의 形態로 사용되는데, 「てはならぬ」는 文語的인 말투다.

10-3. 「動詞나 助動詞의 연용형 + てはだめだ」문형
：~해서는 안 된다.

> **예 시**
> そんなにたべ<u>てはだめだ</u>。 ← 그렇게 먹어서는 안 된다.
> このお金は食費に使っ<u>てはだめだ</u>。
>   ← 이 돈은 식비로 사용해서는 안 된다.
> 秘書は言葉がそんなにぞんざい<u>ではだめだ</u>。
>   ← 비서는 말이 그렇게 난폭해서는 안 된다.
> 君のように遊んでばかりい<u>てはだめだ</u>。
>   ← 너처럼 놀기만 해서는 안 된다.

연 습

12. 그에게 돈을 빌려서는 안 된다.
→ _____

13. 아이들이 주차장에서 놀아서는 안 된다.
→ _____

14. 산에 오를 때는 그런 신발로는 안 된다.
→ _____

15. 상미기한이 지난 우유를 마셔서는 안 된다.
→ _____

16. 사전은 봐도 좋지만, 책은 봐서는 안 된다.
→ _____

17. 이 이야기는 다른 사람에게 이야기해서는 안 된다.
→ _____

■ 참 고

그 条件으로는 目的을 달성할 수 없다는 判斷을 나타낸다. 「てはいけない」보다 口語的이고 부드러운 표현으로, 친한 사이거나 아랫사람에게 사용한다.

10-4. 「動詞나 助動詞의 連体形 + ことはいけない」문형
: ~하는 것은 안 된다.

> **예 시**
> 出かけることは一切いけません。 ← 외출하는 것은 일절 안됩니다.
> 敷居をまたぐことはいけない。 ← 문지방을 넘어서는 안 된다.
> お酒を飲むこと、たばこを吸うことはいけない。
>   ← 음주와 담배는 안 된다.
> 関係者以外はここへ入ることはいけない。
>   ← 관계자이외는 여기에 들어와서는 안 된다.

연 습

18. 저런 사람과 결혼하는 것은 안 된다.
    → _____

19. 사장님 앞에서는 불평을 말해서는 안 된다.
    → _____

20. 선생님의 얼굴을 올려 보는 것은 안 된다.
    → _____

21. 흙이 묻은 신발로 들어가는 것은 안 된다.
    → _____

22. 수업 중 전화벨을 울리게 하는 것은 안 된다.
    → _____

23. 여기서는 밥을 남기는 것은 안됩니다.
    → _____

■ 참 고
　구체적인 현실장면에서의 금지표현은 어렵고, 事前에 여러 禁止項目을 열거할 경우에 주로 사용된다.

11 許可・許容표현

11-1. 「~(なく)てもいい」「~(なく)てもよろしい」문형
: ~해도 좋다. ~하지 않아도 좋다.

예시
窓を開け<u>てもいい</u>。 ← 창문을 열어도 좋다.
高かったら買わ<u>なくてもよろしい</u>。 ← 비싸면 안 사도 좋다.
この紙を使っ<u>てもいい</u>ですか。 ← 이 종이를 사용해도 좋습니까.
その本、借り<u>てもいい</u>ですか。 ← 그 책 빌려도 됩니까.
ここで写真をとっ<u>てもいい</u>ですか。
 ← 여기서 사진을 찍어도 좋습니까.

연습

1. 싫으면 그만둬도 좋아요.
 → _____

2. 저기에 주차해도 좋습니까.
 → _____

3. 체재기간을 좀더 연장해도 좋다.
 → _____

4. 도장이 없으면 서명이라도 좋다.
 → _____

5. 여기서 담배를 피워도 좋습니까.
 → _____

6. 사전을 가지고 와도 좋습니까.
 → _____

7. 이 복사기를 사용해도 좋습니까.
 → _____

8. 이제 자니까 불을 꺼도 좋습니다.
 → _____

9. 와인대신 술로 맛을 내도 좋다.
→ _____

10. 너희들은 이제 집에 돌아가도 좋다.
→ _____

11. 시간은 충분히 있으니까 그렇게 서두르지 않아도 좋다.
→ _____

12. 보수가 좋으면 조금정도 위험한 일이라도 좋다.
→ _____

■ 참 고

「～てもいい」보다 공손한 말투는 「～ても結構です」이고, 더욱 공손한 말투는 「～てもよろしゅうございます」이다.

普段の格好のままでも結構です。
  (평상시의 복장으로도 상관없습니다)
この部屋をお使いになられてもよろしゅうございます。
  (이 방을 사용하셔도 좋습니다)
もうお帰りになってもよろしゅうございます。
  (이제 돌아가셔도 좋습니다)

11-2. 「～(なく)てもかまわない」「～(なく)ても差し支えない」문형
： ～하(지 않아)도 관계/상관없다.

예 시

洗わな<u>くてもかまいません</u>。　← 씻지 않아도 관계없습니다.
この紙を使<u>ってもかまいません</u>。← 이 종이를 사용해도 상관없습니다.
小切手で払<u>っても差し支えない</u>。← 수표로 지불해도 상관없다.
少しぐらい遅くな<u>ってもかまわない</u>よ。
　← 조금 늦어도 관계없어요.
子供に読ませ<u>ても差し支えない</u>本だ。
　← 아이에게 읽혀도 지장 없는 책이다.

연 습

13. 일이 바쁠 때는 무리해서 오지 않아도 상관없다.
→ _____

14. 리포트는 영어로써도 일본어로써도 상관없다.
→ _____

15. 그 일은 나중에 해도 상관없다.
→ _____

16. 술은 무리하게 마시지 않아도 상관없다.
→ _____

17. 하루 1시간정도 운동을 해도 지장 없다.
→ _____

18. 이 서류는 도장이 없어도 지장 없다.
→ _____

19. 한 두 명은 인원수를 변경해도 지장 없다.
→ _____

20. 모두의 의견을 듣지 않아도 지장 없다고 생각한다.
→ _____

21. 내일 회의에는 넥타이를 매지 않아도 상관없습니다.
→ _____

22. 이 서류에는 빨간 펜으로 써도 관계없습니다.
→ _____

23. 남성들의 경우는 어느 쪽을 선택해도 상관없어요.
→ _____

■ 참 고

1) 「~てもいいですか」는, 話者가 행하려는 것에 대해서 그것이 좋은지 어떤지 聽者의 판단을 묻는 말투로, 판단의 기준을 청자에게 맡기는 표현이다.

「~てもかまいませんか」는, 話者가 하는 일이 상대방에게 지장이 있는 없는 지 물어보는 말투이다. 따라서, 「てもいいです」보다 「てもかまわないです」가 조금 消極的인 기분을 내포하고 있다.

2) 「~てもいいですか」 「~てもかまいませんか」와 「~てはいけませんか」는, 話者가 그렇게 하고 싶다는 기분일 때, 許可를 구하는 말투이고, 「~なくてもいいですか」 「~なくてもかまいませんか」와 「~なくてはいけませんか」는, 話者가 그렇게 하고 싶지 않다는 기분으로 묻는 말투이다.

3) 「~てもいいですか」 「~てもかまいませんか」보다는 「~てはいけませんか」 쪽이, 「~なくてもいいですか」 「~なくてもかまいませんか」보다는 「~なくてはいけませんか」 쪽이 그런 기분이 강할 경우에 사용된다.

11-3. 「許可する, 許す, 可」문형
: ~허가/허용한다. ~가능.

예 시

ここの住民に限り使用を許す。　← 이곳 주민에 한해 사용을 허가한다.
4月1日から入学を許可する。　← 4월1일부터 입학을 허가한다.
分割販売も可。　← 할부판매도 가능.

연 습

24. 내년부터의 영업을 허가한다.
→ _____

25. 일반인의 참관을 허용한다.
→ _____

26. 이 제품은 할부도 가능.
→ _____

□ 참 고

　法令이나 規則등 일정의 행동을 인정하는 경우에 쓰이는데, 이러한 표현은 주로 文章에서 사용된다.

受給・授受표현

12-1. 「Xは Yに 物を あげる/やる/くれる/もらう」
「Xは Yに 物を さしあげる/くださる/いただく」문형
　　: ~은/는 ~에게 ~을/를 주다/받다.

예 시

毎日花に水をやります。	← 매일 꽃에 물을 줍니다.
兄が私にお金をくれた。	← 형이 나에게 돈을 주었다.
私は彼女にプレゼントをあげた。	← 나는 그녀에게 선물을 주었다.
花子は大郎から花をもらった。	← 花子는 大郎로부터 꽃을 받았다.
先生にお土産をさしあげました。	← 선생님에게 선물을 드렸습니다.
先生が御著書をくださいました。	← 선생님이 저서를 주셨습니다.
先生に御著書をいただきました。	← 선생님에게 저서를 받았습니다.

연 습

1. 엄마가 여동생에게 과자를 주었다.
　→ _____

2. 나는 친구에게 손목시계를 주었다.
　→ _____

3. 아침에 개에게 먹이를 주었다.
　→ _____

4. 과장님에게 휴가를 받았다.
　→ _____

5. 병원에 약을 받으러 간다.
　→ _____

6. 선생님은 내게 사전을 주셨습니다.
　→ _____

7. 저는 선생님에게 넥타이를 드렸습니다.
　→ _____

8. 우리들은 선생님에게 책을 받았습니다.
→ _____

9. 딸 아이는 매일 아침 새에게 모이를 줍니다.
→ _____

10. 나는 아버지에게 일본인형을 선물로 받았습니다.
→ _____

11. 大郎가 발렌타인데이에 花子에게 초콜렛을 주웠다.
→ _____

12. 그녀가 화이트데이 때 캔디를 주었습니다.
→ _____

■ 참 고

授受行爲를「やる/あげる/くれる」는 수여자의 立場에서 말하는 경우에 사용되고,「もらう」는 수취자의 立場에서 말하는 경우에 사용된다. 一般的으로 內部에서 外部로의 물건이나 所有權등의 移動을 나타낼 때에는「あげる」를 사용하고, 外部(ソト)에서 內部(ウチ)로의 移動을 나타낼 때에는「くれる」를 사용한다.「やる」는 수취자가 수여자보다 아랫사람이거나 動植物인 경우에 사용하고, 第三者間의 授受에서 수취자쪽에서의 表現에는「もらう」를 사용한다.

◆ 待遇形式

「あげる/くれる/もらう」는「さしあげる/くださる/いただく」의 尊敬, 謙譲의 형식으로서도 사용되지만, 父母와 子息간은 사용되지 않는다.

　　母の誕生日に指輪を<u>あげた</u>。　　（엄마 생일에 반지를 드렸다）
＊母の誕生日に指輪を<u>さしあげた</u>。
　　父がこの本を<u>くれた</u>。　　　　　（아빠가 이 책을 주셨다）
＊父がこの本を<u>くださった</u>。
　　母からこの雜誌を<u>もらった</u>。　　（엄마한테 이 잡지를 받았다）
＊母からこの雜誌を<u>いただいた</u>。

12-2. 「Xは Yに 物を Vてあげる/やる/くれる/もらう」
「Xは Yに 物を Vてさしあげる/くださる/いただく」문형
: ~은/는 ~에게 ~을/를 해주다/받다.

X의 行爲는 친절한 행위이고, Y는 X의 행위에 고맙게 여기고 있을 때 사용된다.

예 시

娘の宿題を見てやった。 ← 딸 숙제를 봐 주었다.
兄は私にお金を貸してくれた。 ← 형은 나에게 돈을 빌려 주었다.
私は先輩に助けてもらった。 ← 나는 선배에게 도움을 받았다.
先生は学生たちを誉めてあげた。 ← 선생님은 학생들을 칭찬해 주었다.
母は妹に英語を教えてあげた。
　← 엄마는 여동생에게 영어를 가르쳐 주었다.
私は先生に韓国語を教えてさしあげました。
　← 저는 선생님에게 한국어를 가르쳐 드렸습니다.
私は先生に中国語を教えていただきました。
　← 저는 선생님에게 중국어를 배웠습니다.
先生は私たちに日本文化を教えてくださいました。
　← 선생님은 저희에게 일본문화를 가르쳐 주셨습니다.

연 습

13. 친구가 내게 책을 사 주었다.
→ _____

14. 의사선생님한테 진찰 받아보았습니까.
→ _____

15. 친구에게 우산을 빌려주었다.
→ _____

16. 나는 아내 구두를 닦아주었다.
→ _____

17. 그는 그녀에게 노트북을 빌려 받았다.
→ _____

18. 선생님이 저에게 추천서를 써 주셨다.
→ _____

19. 염려해주어서 조금은 좋아졌습니다.
→ _____

20. 선생님은 제게 친구를 소개해 주셨습니다.
→ _____

21. 나는 외국인을 호텔까지 안내해주었다.
→ _____

22. 아빠가 망가진 장난감을 고쳐 주었다.
→ _____

23. 그녀가 죽을 써주어서 건강해졌습니다.
→ _____

24. 매일 아내가 도시락을 만들어 줍니다.
→ _____

25. 짐을 옮기는 것을 도와주지 않겠습니까?
→ _____

26. 나는 지난주 동생에게 차를 빌려 주었다.
→ _____

27. 저는 선생님에게 논문(쓰는 방법)을 배웠습니다.
→ _____

28. 파티가 끝난 후 선배가 집까지 데려다 주었다.
→ _____

29. 선생님은 우리에게 일본노래를 가르쳐 주셨다.
→ _____

■ 참　고

「やる/あげる/くれる/もらう」가 補助動詞의 형태로 쓰일 경우, 行為의 受給을 나타내, 사람이 動作・行為로부터 利益이나 바람직한 結果를 받는다. 「～てあげる、～てくれる」는 行為를 받는 자가 主語의 행위가 有益하다고 話者가 생각하는 경우에 사용되고, 「～てもらう」는 行為를 받는 자를 主語로 해서 恩惠를 나타내는 표현이다. 또, 「～てもらう」文은, 動作主를 主語로 하지 않기 때문에, 「～てくれる」보다 정중한 인상을 준다.

　　先生が論文の資料を貸してくださった。
　　　(선생님이 논문자료를 빌려 주셨다)
　　先生に論文の資料を貸していただいた。
　　　(선생님에게 논문자료를 빌려 받았다)

12-3. 本動詞로 쓰일 경우와 補助動詞로 쓰일 경우의 의미상 차이

┌ AはBに英語を教えました。
│ : A가 B에게 英語를 가리킨 것이 사실인 경우.
├ AはBに英語を教えてあげました。
│ : 話者가 A의 행위를 친절한 행위로 보고 있는 경우
└ 私はBに英語を教えてあげました。
　　: 자신의 행위를 어느 정도 친절한 행위를 했다고 느끼고 있는 경우

┌ 先生が料理を作りました。
│ : 선생님이 요리를 만들었다는 사실을 客観的으로 말할 경우
├ 先生が料理を作ってくれました。
│ : 선생님의 행위를 感謝하게 생각하고 있는 경우로, 「～てくれる」에 의해 「나」의 존재가 명확해 진다.
└ 先生に料理を作ってもらいました。
　　: 선생님의 행위에 感謝하는 점에서는 「てくれる」와 같지만, 내가 依頼했다고 하는 작용이 첨가된다.

依頼・要求 표현 13

13-1. 「~を(対象) + ください」문형 : ~을/를 주십시오/주세요.

> **예 시**
>
> たばこを一本ください。　　　　　← 담배 하나 주십시오.
> この豚肉を1キログラムください。 ← 이 돼지고기를 1kg주십시오.
> 大人2枚、子供3枚ください。　　 ← 어른 2장, 어린이 3장 주십시오.
> 着いたら、お電話ください。　　　← 도착하면 전화 주십시오.
> もう一度、チャンスをください。　← 다시 한번 기회를 주십시오.

(연 습)

1. 약을 3일분 주십시오.
   → _____

2. 좀 더 시간을 주십시오.
   → _____

3. 가능한한 빨리 답을 주십시오.
   → _____

4. 차가운 맥주를 3병 주십시오.
   → _____

5. 사과 3개와 딸기 1팩 주세요.
   → _____

6. 50엔 짜리 우표를 7장 주십시오.
   → _____

7. 김밥 2인분과 우동 3인분 주세요.
   → _____

■ 참 고

　필요하니까 자신이 소유하고 싶다는 의사를 상대방에게 전달할 때 사용된다. 「くださる」에 「ます」가 붙으면 「くださります」가 되고, 이것이 音便化해서 「くださいます」가 된다. 그런데, 依頼나 要求를 할 경우에는 「ます」를 命令形으로 해서 「くださいまし」나 「くださいませ」가 되기도 한다.

13-2.「～て/ないで + ください」문형
: ~을/를 하지 마세요. ~을/를 해 주세요.

예 시

ちょっと待ってください。	← 조금 기다려 주십시오.
早く行ってください。	← 빨리 가 주십시오.
医者を呼んできてください。	← 의사를 불러 와 주세요.
仕事を休まないでください。	← 일을 쉬지 마세요.
たばこを吸わないでください。	← 담배를 피우지 마세요.
しばふに入らないでください。	← 잔디밭에 들어가지 마십시오.
動物に餌をやらないでください。	← 동물에게 먹이를 주지 마세요.
時間があれば手伝ってください。	← 시간 있으면 좀 도와 주세요.

연 습

8. 알아듣게 천천히 말해주세요.
→ _____

9. 학생증을 보여주세요.
→ _____

10. 여기에 싸인해 주세요.
→ _____

11. 서있지 말고 앉아 주세요.
→ _____

12. 이 이상 싸게 팔지 마세요.
→ _____

13. 차는 주차장에 세워주세요.
→ _____

14. 미안하지만 책상 위를 치워주세요.
→ _____

15. 위험하니까 밀지 말아주세요.
   →
16. 대출기간은 2주일이니까 잊지 마세요.
   →
17. 바로 돌아올 테니까 조금만 기다려주세요.
   →
18. 감기입니다. 일주일정도 술은 마시지 마세요.
   →
19. 이번 주 중으로 이력서를 제출해 주세요.
   →
20. 현관에 들어가서 왼쪽계단을 올라가십시오.
   →
21. 좋은 곳이 있으면 안내해 주십시오.
   →
22. 이것은 소중한 것이니까, 잃어버리지 마세요.
   →
23. 이곳은 금연이니까, 담배는 피우지 마세요.
   →
24. 미안합니다만, 이 기계의 사용법을 가르쳐주세요.
   →
25. 지금 내부수리중이니까, 여기서부터는 들어가지 마세요.
   →
26. 방이 어두워서 글씨가 잘 안보이니까 불을 켜주세요.
   →

■ 참 고
「~て+ください」상대방에게 어떤 행위를 요구할 경우에 사용되고, 「~ないでください」는, 현재 행해지는 행위를 금지하는 경우와, 어떤 행위를 예측해서 그 행위가 이루어지지 않을 것을 요구하는 경우에 사용된다.

13-3. 「~(ない)でくれ」「~て/てね/てよ」「~(ない)でちょうだい」문형
: ~해 줘. ~하지 말아 줘.

> **예 시**
>
> 私にも見せてくれ。　　　　← 나에게도 보여 줘.
> そんなに怒らないでくれ。　　← 그렇게 화내지 말아 줘.
> お母さん、今晩はカレーにして。← 엄마 저녁은 카레 만들어 줘.
> ちょっと見せてね。　　　　　← 좀 보여줘.
> 私にも買ってちょうだい。　　← 제게도 사주세요.

연 습

27. 농담하지 말아 주세요.
→ _____

28. 이것을 저기까지 운반해 줘.
→ _____

29. 아빠 정원에 물을 뿌려 주세요.
→ _____

30. 쓰레기를 버리지 말아 줘.
→ _____

31. 큰 소리로 싸우지 말아 줘.
→ _____

32. 선물은 가능한 한 비싼 것으로 해.
→ _____

33. 다른 사람에게는 말하지 말아 주세요.
→ _____

■ 참 고

「~て/ないでくれ」는 男性이 친한 친구나 아랫사람에게 말할 때 사용하고, 「~て/てね/てよ」「~て/ないでちょうだい」는 兒童이나 여성이 친한 친구나 아랫사람에게 말할 때 사용한다.

13-4. 「〜てほしい/もらいたい/いただきたい」
「〜てくれると助かる/いいのだが」
「〜させてください/いただきます(ませんか)」**문형**
: ~했으면 싶다. ~했으면 한다.

> **예 시**
>
> 私も連れて行ってほしい。　　← 나도 데려 갔으면 싶다.
> 詳しく説明していただきたい。　← 자세히 설명했으면 한다.
> 2、3日考えさせてください(ませんか)。
> 　← 2, 3일 생각하게 해주세요.
> 彼女が答えてくれるといいのだが。
> 　← 그녀가 대답해 주면 좋겠는데.
> その仕事を私にやらせていただけませんか。
> 　← 그 일을 제가 할 수 없을까요.
> 一緒に病院に行っていただけると助かるんですが。
> 　← 함께 병원에 가주시면 좋겠습니다만.

> **연 습**
>
> **34.** 나 대신에 가주면 좋겠는데.
> →＿＿＿＿＿＿＿＿＿＿＿＿＿＿＿＿
>
> **35.** 사람이 도와줬으면 좋겠는데.
> →＿＿＿＿＿＿＿＿＿＿＿＿＿＿＿＿
>
> **36.** 인도요리를 가르쳐 주었으면 한다.
> →＿＿＿＿＿＿＿＿＿＿＿＿＿＿＿＿
>
> **37.** 이 부분을 설명해 줄 수 없을까요.
> →＿＿＿＿＿＿＿＿＿＿＿＿＿＿＿＿
>
> **38.** 이번 건은 제가 맡으면 안될까요.
> →＿＿＿＿＿＿＿＿＿＿＿＿＿＿＿＿

39. 이번 일요일 우리 집에 왔으면 한다.
→ _____

40. 급한 일이 생겨서 돌아갔으면 합니다.
→ _____

◨ 참 고

  이들 表現은 모두, 자기의 事情을 말하고, 상대에게 간접적으로 동작을 依賴하지만, 「～てほしい/もらいたい/いただきたい」는 希望表現을 사용해, 상대의 동작을 자기가 바라고 있는 것을 알리는 것이고, 「～てくれると助かる/いいのだが」는 자기에게 유익한 것을 상대에게 알리는 것으로, 상대가 동작을 해주게 만드는 것이고, 「～させてください(ませんか)/いただきます」는 使役의 조동사를 사용해, 상대의 허가를 청하는 依賴表現이다.

意志・勧誘・提案표현

14-1. 意志表現「～V未然形+う/よう(と思う/している)」문형
: ～하려고 한다.

> **예 시**
>
> あそこで弁当を食べよう。　　　← 저기서 도시락을 먹자.
> 8時に出ようと思う。　　　　　← 8시에 나가려고 생각한다.
> 学校へ行こうと思います。　　　← 학교에 가려고 생각합니다.
> 妻は画家になろうとしている。　← 아내는 화가가 되려고 한다.
> 立とうとしたが、立てない。　　← 일어서려 했지만, 일어설 수 없다.
> 息子は医者になろうと思っている。← 아들은 의사가 되려고 하고 있다.

연 습

1. 내일 출발하려고 합니다.
   → _____

2. 올해 결혼하려고 생각합니다.
   → _____

3. 그는 신문기자가 되려고 한다.
   → _____

4. 좀더 기다릴 생각입니다.
   → _____

5. 오늘은 일본영화를 보자.
   → _____

6. 모레까지 리포트를 쓰려고 한다.
   → _____

7. 저 제품은 비싸서 안 사려고 한다.
   → _____

8. 이 문제는 신중히 검토하려고 한다.
   → _____

9. 러시아에 가서 음악공부를 하려고 한다.
→ _____

10. 결론은 이번 주까지 내려고 한다.
→ _____

11. 이번 연휴는 여행 가려고 합니다.
→ _____

12. 오늘까지 학회일정을 정하려고 합니다.
→ _____

13. 그녀는 일본에 가서 대학에 들어가려고 한다.
→ _____

▣ 참 고

1) 「る形/た形＋つもりだ」도 意志나 予定를 나타낸다.

行かないつもりです。
(가지 않을 생각입니다)
あそこへ行くつもりはありません。
(저기에 갈 생각은 없습니다)
今度も与党に投票するつもりですか。
(이번도 여당에 투표할 생각입니까)

2) 否定의 意志를 나타낼 경우
意志形에는 否定形이 없으므로, 否定의 意志를 나타낼 때는 다음과 같이 사용한다.

行くのをやめよう。 (가는 것을 그만두자)
行かないことにしよう。 (가지 말도록 하자)

14-2. 勧誘・提案表現1

「(よ)う」「～ないか」「～(よ)うでは(じゃ)ないか」「～ましょう(か)、～ませんか」문형
  : ～하자. ～하지 않을래. ～합시다. ～할까요.

예 시

説明を聞きに行こう。	← 설명을 들으러 가자.
食事はよく噛んで食べよう。	← 식사는 잘 씹어 먹자.
飲みに行かないか。	← 술 마시러 가지 않을래.
駅まで歩いて行きましょう。	← 역까지 걸어서 갑시다.
ちょっと寄っていきませんか。	← 좀 들려가지 않겠습니까.
今晩、ギョーザを作りましょうか。	← 오늘밤 만두를 만들까요.
仕事はこの辺でやめようじゃないか。	← 일은 이쯤에서 그만둘까요.
天気がいいから散歩に行きましょう。	← 날씨가 좋으니까 산책 갑시다.

연 습

14. 스키 타러 가지 않을래.
  → _____

15. 일단(우선) 가볼까요.
  → _____

16. 영화 보러 가지 않겠습니까.
  → _____

17. 보험에 들지 않겠습니까.
  → _____

18. 그 밖에 주문은 없습니까.
  → _____

19. 몇 시경에 출발할까요.
  → _____

20. 노인에게는 자리를 양보합시다.
→ _____

21. 우리와 같이 식사하지 않을래.
→ _____

22. 도서관에서 그 책을 찾아볼까요.
→ _____

23. 눈이 와서 길이 미끄러우니까, 주의합시다.
→ _____

24. 날씨가 좋아 기분이 좋으니까, 산책합시다.
→ _____

25. 벌써 오후 7시니까 저녁식사 하지 않겠습니까.
→ _____

■ 참 고

이러한 표현은, 자신의 意志・意思를 전하고 상대방의 同意를 요구하는 말투이다. 즉, 話者가 상대에게 무언가를 勸誘・勸告하거나 提案하는 소극적인 행위요구의 표현이다.

또, 「～ましょう」는 상대에게 자신의 意志를 표명할 때 사용하고, 「～ましょうか」는 상대의 意向을 물을 때 사용한다.

14-3. 勧誘・提案表現2

「～たら(いい)」「～どう/いかがです(か)」「V連用形+てごらん(なさい)」문형
: ～하면 어때요. ～하면 어떻습니까. ～해 보세요.

> **예 시**
>
> 危ないからやめといた<u>ら</u>。　　← 위험하니까 그만두면 어때요.
> このように作れ<u>ばどうですか</u>。　← 이렇게 만들면 어떻습니까.
> 熱いお茶など<u>いかがですか</u>。　← 뜨거운 녹차는 어떻습니까.
> この辺を詳しく読ん<u>でごらん</u>。　← 이 근처를 자세히 읽어 봐.
> 一人でやっ<u>てごらんなさい</u>。　← 혼자서 해 보세요.

연 습

26. 한잔 어떻습니까.
→ _____

27. 담당자에게 물어 보세요.
→ _____

28. 좀 이쪽으로 와 보세요.
→ _____

29. 돈을 빌려주면 어떻습니까.
→ _____

30. 그렇게 피곤하면 좀 쉬면 어때요.
→ _____

31. 먹고 싶은 만큼 먹으면 어때요.
→ _____

■ 참　고

「～たら(いい)」는 보통 친한 친구사이에 사용되며, 상대방에게 動作을 행하게 권유하는 표현이고, 「～どう/いかがです(か)」는 좋은 결과를 위해 어떠한 手段이나 方法을 취하면 좋을지 助言을 하거나 요구할 경우에 사용되고, 「～てごらん(なさい)」는 무언가를 해볼 것을 勸誘하는 의미를 가진다.

15 原因・理由 표현

15-1. 「~から~だ」문형

> **예시**
>
> 時間がない<u>から</u>、車で行きましょう。　← 시간이 없으니까 차로 갑시다.
> 車がありません<u>から</u>、歩いて行きます。　← 시간이 없어서 걸어서 갑니다.
> 天気がいい<u>から</u>、外で遊びなさい。　← 날씨가 좋으니까 밖에서 노세요.
> うるさい<u>から</u>、ロックが嫌いだ。　← 시끄러워서 록음악이 싫다.
> 疲れた<u>から</u>、少し休みませんか。　← 피곤하니까 좀 쉬지 않겠습니까.
> みんなが待っている<u>から</u>、早くしてください。
> 　← 모두가 기다리고 있으니까 빨리 해주세요.
> 雪が降って道が滑ります<u>から</u>、気を付けましょう。
> 　← 눈이 와서 길이 미끄러우니까 주의합시다.

연습

1. 이제 잘 테니까 불을 꺼도 좋습니다.
   → _____

2. 곧 돌아올 테니까 좀 기다려주세요.
   → _____

3. 열심히 연습했으니까 능숙하게 된 겁니다.
   → _____

4. 오늘은 휴일이니까 아무도 오지 않겠지요.
   → _____

5. 돈이 없으니까 아무데도 갈 수가 없습니다.
   → _____

6. 토요일은 언제나 사람이 많으니까, 일요일에 가겠습니다.
   → _____

7. 큰짐은 방해가 되니까 뒷좌석에 놔두세요.
   → _____

8. 배로 가면 늦으니깐 비행기로 갑시다.
   → _____

15-2. 「~のは~からだ」문형

> **예 시**
>
> 窓を開けた<u>のは</u>、暑かった<u>からだ</u>。
> 　　← 창문을 연 것은 더웠기 때문이다.
> ご飯を食べない<u>のは</u>、お腹が痛い<u>からだ</u>。
> 　　← 밥을 먹지 않는 것은 배가 아프기 때문이다.
> あの人が来ない<u>のは</u>、急に用事ができた<u>から</u>です。
> 　　← 그 사람이 오지 않는 것은 갑자기 일이 생겼기 때문입니다.
> タクシーで行った<u>のは</u>、道をよく知らなかった<u>から</u>です。
> 　　← 택시로 간 것은 길을 잘 몰랐기 때문입니다.
> 何も買わない<u>のは</u>、お金がない<u>からだ</u>。
> 　　← 아무것도 사지 않는 것은 돈이 없기 때문이다.

연 습

9. 길이 붐볐던 것은 교통사고가 있었기 때문이다.
　→ _____

10. 빨리 집에 가지 않는 것은 일이 있기 때문이다.
　→ _____

11. 일본어를 잘하게 된 것은 열심히 공부했기 때문이다.
　→ _____

12. 늦잠을 잔 것은 자명종시계가 울리지 않았기 때문입니다.
　→ _____

13. 약속시간에 늦은 것은 전차를 잘못 탔기 때문이다.
　→ _____

14. 쉬운 문제를 틀린 것은 시간이 없었기 때문입니다.
　→ _____

15. 그 선생님이 싫은 것은 리포트가 많기 때문이다.
→ _____

16. 테니스를 치지 않는 것은 감기 걸렸기 때문이다.
→ _____

17. 사진을 찍은 것은 아이가 귀여웠기 때문이다.
→ _____

▣ 참 고

　일반적으로 「から」는 主観的인 이유를 전면에 내세우는 뉘앙스가 있어, 화자의 意志나 생각의 理由를 말할 때 사용되고, 「ので」는 客観的인 사실을 서술할 때 쓰여, 현실의 행위나 상황의 원인·이유를 나타내는데 사용된다.

15-3. 「~ので~だ」문형

> **예시**
> 子供なので、何も知りません。　← 아이여서 아무것도 모릅니다.
> 目が悪いので、眼鏡をかけている。← 눈이 나빠서 안경을 쓰고 있다.
> 明日試験があるので、みんな勉強しています。
> 　← 내일 시험이 있어서 모두 공부하고 있습니다.
> 眠れなくなるので、夜コーヒーは飲みません。
> 　← 잘 수 없어서 밤에 커피는 마시지 않습니다.

연습

18. 수업이 일찍 끝나서 모두 집에 돌아갔다.
→ _____

19. 그녀는 영화를 좋아해서 자주 보러갑니다.
→ _____

20. 여유가 없어서 놀러 가는 것을 그만 두었습니다.
→ _____

21. 오늘은 날씨가 좋아서 모두 외출했습니다.
→ _____

22. 주사가 싫어서 어제 병원에 가지 않았습니다.
→ _____

23. 야채는 몸에 좋기 때문에 나는 매일 야채를 먹습니다.
→ _____

24. 가을에 결혼하기 때문에 회사를 그만 둘 생각입니다.
→ _____

25. 아이가 좋아서 유치원선생님이 되고 싶습니다.
→ _____

16 経験・習慣표현

16-1.「～たことがある」「～る+ことがある/こともある」문형
　　： ～한 적이 있다. ～하는 일이/일도 있다.

> **예 시**
>
> 歯を磨かないで寝ることもある。
> 　← 이를 닦지 않고 자는 일도 있다.
> スリランカ料理を食べたことがある。
> 　← 스리랑카요리를 먹은 적이 있다.
> アメリカへ行ったことがある。
> 　← 미국에 간 적이 있다.
> 彼女と2回会ったことがある。
> 　← 그녀와 두 번 만난 적이 있다.
> この辺りは過去に何回か洪水に見回れたことがある。
> 　← 이 주변은 과거에 몇 번인가 홍수가 난적이 있다.
> 同僚の車に傷をつけたのに、それを言わなかったことがある。
> 　← 동료 차에 흠집을 냈는데 그것을 말하지 않았던 일이 있다.

(연 습)

1. 가끔 열쇠를 잃어버리는 일이 있다.
　→ _____

2. 손님과 싸운 적이 있다.
　→ _____

3. 미국에 한 번 간 적이 있다.
　→ _____

4. 나는 아빠와 여행간 적이 있다.
　→ _____

5. 고등학교 때 독일어를 배운 적이 있다.
　→ _____

6. 아침을 먹지 않고 학교에 오는 일도 있다.
   → _____

7. 이 가게는 일요일에 노는 일도 있다.
   → _____

8. 그곳은 온천이 유명해서 두 번 간 적이 있다.
   → _____

9. 나는 그녀가 매우 예쁘다고 생각한 적이 있습니다.
   → _____

10. 노선버스를 잘못 타 지각한 적이 있습니다.
   → _____

■ 참 고

「~たことがある」는 過去의 경험을 말할 때 사용하고, 頻度副詞를 수반하는 경우가 많다. 「~なかったことがある」는 하지 않았던 経験을 나타내고, 「~る+ことがある/こともある」는, 간혹 어떠한 일이 일어난다는 것을 나타낸다. 그러나, 자주 일어나는 일에는 사용할 수 없다.

*この辺りはよく事故が起こることがある。
この辺りはよく事故が起こる。(이 주변은 자주 사고가 발생한다)

16-2. 「~たことがない」문형
: ~한 적이 없다.

> **예 시**
>
> 僕はサインなんてしたことないよ。
> ← 나는 서명한 적이 없어요.
> 現金しか使ったことがない。
> ← 현금 밖에 사용한 적이 없다.
> 外国へは一度も行ったことがない。
> ← 외국에는 한번도 가본 적이 없다.
> 先生にはまだお会いしたことがない。
> ← 선생님은 아직 만나 본적이 없다.
> そんな恐い話は聞いたことがない。
> ← 그렇게 무서운 얘기는 들은 적이 없다.
> 私は外国人とチャットしたことがない。
> ← 나는 외국인과 채팅한 적이 없다.

(연 습)

11. 비행기는 한번도 타본 적이 없다.
→ _____

12. 그런 것을 생각한 적이 없었다.
→ _____

13. 중국에는 두 번 밖에 간 적이 없다.
→ _____

14. 지금까지 당신을 사랑한 적이 없다.
→ _____

15. 그렇게 재미있는 영화는 지금까지 본적이 없다.
→ _____

16. 나는 이제까지 다른 사람과 싸운 적이 없다.
→ _____

17. 저는 그녀와 한번도 이야기해 본적이 없습니다.
→ _____

18. 내 아내는 지금까지 생선회를 먹어본 적이 없다.
→ _____

19. 엄마는 지난해까지 병원에 입원한 적이 없었다.
→ _____

◙ 참 고

「～たことがない」는 그러한 경험이 없다는 것을 나타내고, 「～たことがない」질문에 대한 대답은 「～たことはない」이다.

    A. 中国へ行った<u>ことがない</u>んですか。
       (중국에 간 적이 없습니까)
    B. 中国へ行った<u>ことはありません</u>。
       (중국에 간 적은 없습니다)

16-3. 「~たものだ」문형

: ~을/를 (자주)했다.

> **예 시**
>
> 学生の頃はよく貧乏旅行を<u>したものだ</u>。
> ← 학생 때는 가난한 여행을 자주 했다.
> 彼のいたずらには手を焼い<u>たものだ</u>。
> ← 그의 장난에는 애를 먹었다.
> 高校の頃、夏休みになるとよく山へキャンプに行っ<u>たものだ</u>。
> ← 고교시절 여름방학이 되면 자주 산에 야영하러 갔다.

연 습

20. 그 당시의 차는 자주 고장났다.
    → _____

21. 당시 나는 자주 소설을 읽었다.
    → _____

22. 젊었을 때는 주위사람과 자주 싸웠다.
    → _____

23. 고등학교 때는 그다지 공부하지 않았다.
    → _____

24. 그때, 나는 일부러 장난을 쳤다.
    → _____

25. 일본에서 공부할 때는 라면을 자주 먹었다.
    → _____

26. 내가 어렸을 때는 강에서 많이 놀았다.
    → _____

◼ 참 고

過去의 경험을 習慣・回想的으로 말할 때 사용된다. 따라서, 話者自身이 主語가 되는 경우가 가장 많다. 또, 過去의 狀態를 나타내는 경우도 있다.

　　高校時代の彼女はよく難しい本を読んでいたものだ。
　　(고교시절 그녀는 어려운 것을 잘 알고 있었다)
　　50年前のソウルには高い建物などなかったものだ。
　　(50년전 서울에는 높은 건물이 없었다)

17 当為・忠告표현

어떤 사항이 가지는 本質・習性을 말하기도 하고, 理想的인 모습・행위・상태를 말해 상대방에게 注意를 주는 말투이다. 이 경우, 어떤 事態에 대한 자신의 意見만을 말할 때도 있고 상대에게 事態의 実現을 유발시킬 때도 있다.

17-1. 「動詞의 連体形 + べきだ/べきではない」문형
: ~해야 한다. ~해서는 안 된다.

> **예 시**
>
> 人間は自然に対してもっと謙虚であるべきだ。
>   ← 인간은 자연에 대해서 좀더 겸허해야 한다.
> 君はあの時、彼女と別れるべきだった。
>   ← 너는 그때, 그녀와 헤어졌어야 했다.
> 他人の私生活に干渉するべきではない。
>   ← 다른 사람의 사생활에 간섭해서는 안 된다.
> この仕事は君がやるべきだ。
>   ← 이 일은 자네가 해야 한다.

연 습

1. 학생은 공부해야 한다.
   → _____

2. 아이는 잘 놀아야 한다.
   → _____

3. 규칙은 잘 지켜야 한다.
   → _____

4. 너는 그녀와 헤어져야 할 것이다.
   → _____

5. 남자는 가만히 참아야 할 것이다.
   → _____

6. 한번 정도의 실패로 단념할 것이 아니다.
   → _____

7. 그런 위험한 일을 미경험자에게 시킬 것이 아니다.

→ _____

8. 회사전화로 사적인 이야기를 길게 해서는 안 된다.

→ _____

◼ 참 고

「べきだ」는 未實現의 事態에 관해, 그 實現이 바람직하다는 의미를 가지고, 「べきではない」는 本性이나 道理를 생각해서, 그렇게 하는 것은 안 된다고 하는 判斷을 가리킨다. 따라서, 事態가 이미 實現한 것을 나타내는 過去(た)형은 사용할 수 없다.

　　　君は彼女と別れるべきだ。　← 자네는 그녀와 헤어져야 할 것이다.
　　*君は彼女と別れたべきだ。

17-2. 「動詞의 連体形 + ものだ/ものではない」문형
: ~은/는 것이다.   ~은/는 것이 아니다.

1. 예 시

人生なんて、はかない<u>ものだ</u>。
　← 인생이란 덧없는 것이다.
子供はいたずらをする<u>ものだ</u>。
　← 아이는 장난을 치는 것이다.
人間はいつか<u>死ぬものだ</u>。
　← 인간은 언젠가 죽는 것이다.
年を取ると女性はお腹が出てくる<u>ものだ</u>。
　← 나이가 들면 여성은 배가 나오는 것이다.
日本では家に上がる時、靴を脱ぐ<u>ものだ</u>。
　← 일본에서는 집에 들어갈 때 신발을 벗는 것이다.
昔の武士は大将が死んだら共に<u>死ぬものだ</u>。
　← 옛날무사는 대장이 죽으면 부하도 죽는 것이다.
お土産は両手で渡すもので、片手で渡す<u>ものではない</u>。
　← 선물은 양손으로 건네는 것으로 한 손으로 건네는 것이 아니다.
天気は思うとおりになってくれる<u>ものではない</u>。
　← 날씨는 생각대로 되는 게 아니다.

연 습

9. 사람은 나이를 먹으면 눈이 나빠지는 것이다.
　→ _____
10. 사람의 마음은 좀처럼 알지 못하는 것이다.
　→ _____
11. 실수 없는 것은 한층 가지고 싶어지는 것이다.
　→ _____

12. 좋아하는 사람 앞에서는 말하고 싶은 것도 말하지 못하는 것이다.
→ _____

13. 갓 태어난 아기는 예쁘지 않는 것이다.
→ _____

14. 윗사람에게는 경어를 사용하는 것이다.
→ _____

15. 다른 사람의 이야기는 잘 들어야 한다.
→ _____

16. 부모님이 말씀하시는 것은 잘 듣는 것이다.
→ _____

17. 나이를 먹으면 체력이 떨어지는 것이다.
→ _____

18. 배가 고프면 누구나 화내고 싶은 것이다.
→ _____

19. 돈이라고 하는 것은 곧 없어지는 것이다.
→ _____

■ 참 고

述語의 非過去形에 접속해서, 대상의 本来的特性上 그러한 경향이 강하다는 것을 나타내거나, 일반적인 常識으로써 그렇게 되는 것이 당연하고, 그렇게 하는 것이 온당하다는 뜻이다.

17-3. 「動詞의 連体形 + ことだ」문형
: ~은/는 것이다. ~한 일이다.

> **예 시**
>
> カゼを早く治したかったら、暖かくしてゆっくり寝ることだ。
> ← 감기를 빨리 낳게 하려거든 따뜻하게 푹 자는 것이다.
> 人間が数の少ない動物を保護することは、とても大事なことだ。
> ← 인간이 희귀동물을 보호하는 것은 매우 중요한 일이다.
> 命が惜しかったら、黙っていることだ。
> ← 목숨이 아깝다면 조용히 있어야 한다.

연 습

20. 일하는 것은 좋은 것이다.
→ _____

21. 잘 생각해 보고 결론을 내야 한다.
→ _____

22. 입원하고 있는 동안은 일은 잊고 푹 쉬어야 한다.
→ _____

23. 표현을 잘하고 싶으면 책을 많이 읽어야 한다.
→ _____

24. 언제나 진실을 말하는 것은 중요한 일이다.
→ _____

◾ 참 고

그 상황에서 가장 바람직하고 좋은 것을 말해, 간접적으로 忠告나 命令의 기능을 한다. 또, 특정의 상대에 대한 勧告, 忠告, 要求, 主張을 나타내거나, 나쁜 결과를 강조해서 상대에게 동작을 강제하는 脅迫을 나타내기도 한다. 즉, 무언가를 위해 그렇게 하는 것이 필요하고 당연하며 중요하다는 話者의 判断을 나타낸다.

17-4. 「動詞의 連体形/過去形 + ほうがいい」문형

> **예시**
> 僕が話すより、君が直接話すほうがいい。
>   ← 내가 말하는 것보다 네가 직접 말하는 것이 낫다.
> 彼と付き合うのはやめたほうがいい。 ← 그와 사귀는 것은 그만두는게 낫다.
> 君は積極的になったほうがいい。   ← 자네는 적극적인 편이 좋다.
> 少し、おとなしくしたほうがいいぜ。 ← 좀 얌전히 있는 편이 좋아.
> 今日はお風呂に入らないほうがいいですよ。←오늘은 목욕하지 않는게 좋아요.

(연 습)

25. 일단 우산을 준비 해두는 것이 좋다.
→ _____

26. 그 호텔은 빨리 예약하는 것이 좋아요.
→ _____

27. 담배는 이제 그만 피우는 것이 나아요.
→ _____

28. 주식은 직접 투자하지 않는 것이 좋다.
→ _____

29. 산에 오를 때는 휴대폰을 가지고 가는 것이 좋다.
→ _____

30. 밤늦게는 혼자서 돌아다니지 않는 게 좋다.
→ _____

31. 사용하지 않는 편이 좋은 말은 있습니다.
→ _____

◙ 참 고

어떤 사항에 대해서, 話者가 주위의 状況이나 자신의 知識・經驗에 비추어 판단한 것을 상대방에게 권하는 말투이다. 따라서, 상대에게 무언가를 권할 必要性과 권하는 내용을 결정하는 判断材料가 없으면 안 된다.

18 義務・必要표현

18-1.「～なければ(なくては)ならない/いけない」문형
　　: ～하지 않으면 안 된다/안됩니다.

예 시

私にとって、スープは熱くなければいけません。
　　← 저는 국물은 뜨겁지 않으면 안됩니다.
君はどうしても来なければならない。
　　← 자네는 꼭 와주지 않으면 안 된다.
そろそろ、家へ帰らなければいけません。
　　← 이제 집에 돌아가지 않으면 안됩니다.
われわれは増税に反対しなければならない。
　　← 우리들은 증세에 반대하지 않으면 안 된다.
ここは乗り物がないから歩かなければなりません。
　　← 여기는 교통편이 없으니까 걷지 않으면 안됩니다.
日本では家に入る時、靴を脱がなければなりません。
　　← 일본에서는 집에 들어 갈 때 신발을 벗지 않으면 안됩니다.
先生は、学生にたいして公平でなくてはならない。
　　← 선생님은 학생에 대해서 공평하지 않으면 안 된다.

연 습

1. 급한 일로 곧 돌아가야 한다.
　→ _____

2. 가정은 밝지 않으면 안됩니다.
　→ _____

3. 나는 좀더 날씬해지지 않으면 안 된다.
　→ _____

4. 충치여서 이빨을 뽑지 않으면 안 된다.
　→ _____

5. 벌써 11시니까, 이제 돌아가지 않으면 안됩니다.
   → _____

6. 살찌고 싶은 사람은 많이 먹지 않으면 안됩니다.
   → _____

7. 식후에 반드시 이 약을 먹지 않으면 안됩니다.
   → _____

8. 자동차는 길 오른쪽을 달리지 않으면 안 된다.
   → _____

9. 학생은 학교규칙을 지키지 않으면 안 된다.
   → _____

10. 이번 일요일은 집안 일을 돕지 않으면 안 된다.
   → _____

11. 내일까지 비디오를 반납하지 않으면 안 된다.
   → _____

12. 집안에서는 신발을 벗지 않으면 안 된다.
   → _____

13. 호텔에서는 봉사료를 지불하지 않으면 안 된다.
   → _____

14. 다음주 기말시험이 있으니까 공부하지 않으면 안 된다.
   → _____

15. 이번 주 중으로 정리하지 않으면 안 되는 일이 많이 있다
   → _____

▣ 참 고

「ならない」系統은 법률·규칙·관습 등에 의해 의무화되어 있어, 個人의 意志로 取捨選択할 수 없는 사항을 나타낼 경우나 개인적인 문제라도 자신의 意志로 함부로 변경할 수 없는 사항을 나타낼 때 사용되다. 반면, 「いけない」계통은 상대에 대해 직접 어떤 행위를 요구하는 책임 부과 의식이 강한 표현이다.

18-2. 「～なければ(なくては)だめです」「～ねばならぬ/ならない」문형
: ~하지 않으면 안 된다/안됩니다.

> **예 시**
> 明日まで来<u>なければだめです</u>。
> 　　← 내일까지 오지 않으면 안됩니다.
> もっと自分を大切にし<u>なければだめです</u>よ。
> 　　← 좀더 자신을 소중히 하지 않으면 안돼요.
> 教授者の発音は正しくあら<u>ねばならぬ</u>。
> 　　← 교수자의 발음은 정확하지 않으면 안 된다.
> 人生には、我慢せ<u>ねばならぬ</u>こともある。
> 　　← 인생에는 참지 않으면 안 되는 일도 있다.

연 습

16. 빨리 말하지 않으면 안 된다.
→ _____

17. 오후 5시까지 제출하지 않으면 안됩니다.
→ _____

18. 어제까지 논문을 완성하지 않으면 안되었다.
→ _____

19. 선생님은 수업준비를 하지 않으면 안돼요.
→ _____

20. 공무원은 국민에게 친절하지 않으면 안돼요.
→ _____

21. 교통규칙은 반드시 지키지 않으면 안 된다.
→ _____

22. 그 선생님수업은 책을 많이 읽지 않으면 안 된다.
→ _____

◩ 참 고

「～なければ(なくては)だめです」는 「～なければ(なくては)いけない」보다도 口語的으로 사용되고, 「～ねばならぬ/ならない」는 文章語的으로 사용된다. 또, 「ならない」대신에 「ならん」, 「いけない」대신에 「いかん」을 사용하는 경우도 있지만, 이것은 古風스러운 말투이다.

　　　優勝するには、もっと士気を高め<u>なければならん</u>。
　　　(우승하기 위해서는 좀더 사기를 높이지 않으면 안 된다)
　　　少しぐらいつらくても、我慢し<u>なければいかんよ</u>。
　　　(조금 괴로워도 참지 않으면 안돼요)

18-3.「〜べきだ」「〜ざるを得ない」
「〜よりほかない/よりしかたがない」문형
: ~해야 할 것이다. ~하지 않을 수 없다. ~하는 수밖에 없다.

예 시

仕事を急ぐならば、もっと働く者の人数を増やす<u>べきだ</u>。
　← 일을 서두르려면 노동자수를 더욱 늘려야 할 것이다.
他人の私生活に干渉する<u>べきではない</u>。
　← 남의 사생활에 간섭할 것이 아니다.
私は担当者として責任を負わ<u>ざるを得ない</u>。
　← 나는 담당자로서 책임을 지지 않을 수 없다.
こうなったからには謝る<u>ほかはない</u>。
　← 이렇게 된 바에는 사과하는 수밖에 없다.
終電が出てしまったので、タクシーで帰る<u>より仕方がなかった</u>。
　← 마지막 전차가 출발했으므로 택시로 돌아갈 수밖에 없었다.

연 습

23. 학생은 공부해야 할 것이다.
　→ _____

24. 아이는 놀아야 할 것이다.
　→ _____

25. 나로서는 가는 수밖에 없었다.
　→ _____

26. 돈이 없으면 여행은 그만둘 수밖에 없군요.
　→ _____

27. 부장님의 지시니까 하지 않을 수 없다.
　→ _____

■ 참 고

「べきだ」는 語調가 강하고 文章語적으로 사용되어, 그렇게 하는 것이 당연하고 적당하다는 의미를 나타낸다. 「ざるを得ない」는 필연적으로 어떤 結論에 도달하는데, 그것은 話者의 意図에 위배되어 「어떻게든 하지 않을 수 없다」는 의미로 쓰인다. 이에 반해, 「よりほかはない」는 사태의 必要性에서 볼 때, 가능한 手段과 方法이 어떤 것에 한정된다는 것을 나타내는 표현이다.

19 不必要표현

19-1. 「～なくてもいい/かまわない/大丈夫だ」문형
: ～하지 않아도 좋다/상관없다/괜찮다.

예 시

仕事が忙しい時は、無理して来なくてもいいですよ。
　　← 일이 바쁠 때는 무리해서 오지 않아도 좋아요.
いやなら、食べなくてもいい。　← 싫다면 먹지 않아도 좋다.
彼女でなくてもかまわない。　← 그녀가 아니더라도 상관없다.
毎日でなくてもかまわないから、時々運動してください。
　　← 매일이 아니어도 상관없으니까 때때로 운동해 주십시오.
急がなくても大丈夫ですよ。　← 서두르지 않아도 괜찮아요.

연 습

1. 내일은 휴일이니까, 일찍 일어나지 않아도 좋다.
   → _____

2. 방 값은 싸지 않아도 상관없습니다.
   → _____

3. 약을 먹지 않아도 괜찮아요.
   → _____

4. 오늘은 빨리 가지 않아도 좋습니다.
   → _____

5. 돈을 지불하지 않아도 좋습니다.
   → _____

6. 그가 싫다면 만나지 않아도 좋다.
   → _____

■ 참 고

「그렇게 할 필요가 없다」「그렇게 하지 않는 것이 당연하다/적절하다」 등의 意味를 나타내는 표현이다.

19-2.「～ることはない」「～には及ばない」「～までもない」문형
: ~할 필요는 없다. ~할 것까지도 없다.

> **예 시**
>
> 君が送っていくことはないよ。
> 　　← 네가 데려다 줄 필요는 없어요.
> 本を持っていくことないだろう。
> 　　← 책을 가지고 갈 필요는 없겠지요.
> 銭湯があるのならホテルを移ることもなかった。
> 　　← 목욕탕이 있으면 호텔을 옮길 필요도 없었다.
> それにしても自殺することはなかったのに。
> 　　← 그렇다 해도 자살할 필요는 없었는데.
> やる気があればできないことはありませんよ。
> 　　← 할 마음만 있으면 못할 것은 없어요.
> こんな遠くまで、はるばるお越しいただくには及びません。
> 　　← 이렇게 멀리까지 오실 필요는 없습니다.
> その本は図書館で借りれば十分です。自分で買うには及びません。
> 　　← 그 책은 도서관에서 빌리면 충분합니다. 살 필요는 없습니다.
> 資料を見れば分かるわけだから、わざわざ説明するまでのこともない。
> 　　← 자료를 보면 아니까 일부러 설명할 것까지도 없다.

연습

7. 그렇게 걱정할 필요는 없다.
　→ _____

8. 울 필요는 없지 않아.
　→ _____

9. 모르는 것은 없지 않은가.
　→ _____

10. 가고 싶지 않은 것은 아니다.
   → _____

11. 다 아는 일이니까 일부러 설명할 필요는 없다.
   → _____

12. 이 정도 감기라면 의사에게 갈 것까지도 없다.
   → _____

13. 확인할 필요도 없이 그것은 명백한 사실이다.
   → _____

14. 그 책은 살 것까지도 없다. 도서관에서 빌리면 충분하다.
   → _____

■ 참 고

「～ることはない」는 無意志動詞의 例가 많고, 「하지 말아라」와 같은 당위적인 意味를 가지는 것이 많다. 「～ることはなかった」는 過去形은 과거에 실현된 행위에 대한 評價로서, 「하지 않았으면 좋았다」라고 한탄하고 있는 것이다. 「～ないことはない」 全面的으로 否定하거나, 斷定을 保留하는 것을 나타낸다. 「～には及ばない」는 「までのこともない」의 형태로 「までもない」와 같은 意味를 나타낼 수도 있다.

伝聞표현

話者가 어떤 事項을 전해 들었다는 것을 나타내는 표현이다. 즉, 話者가 다른 곳에서 얻은 情報를 제3자에게 전할 때, 이것이 다른 곳에서 얻은 情報라는 것을 나타내기 위해서 사용된다.

20-1.「～そうだ」「～と言っている」「～という」문형
: ～한다고 한다.

예 시

今野菜は高い<u>そうだ</u>。　　　　　← 지금 야채는 비싸다고 한다.
今年は梅雨が早い<u>という</u>。　　　← 올해는 장마가 빠르다고 한다.
外は今雨が降っている<u>と言っている</u>。← 밖은 지금 비가 온다고 한다.
おばちゃんの<u>話によれば</u>、豚肉にはつけあみが一番合う<u>そうだ</u>。
　← 아줌마 말에 의하면 돼지고기에는 새우젓이 잘 어울린다고 한다.
<u>母から聞いたところでは</u>、私が生まれた時は2850グラムだった<u>そうだ</u>。
　← 엄마한테 듣기로는 내가 태어났을 때 2850ｇ이었다고 한다.

연 습

1. 그는 은행원이라고 한다.
→ _____

2. 작년 축제는 매우 화려했답니다.
→ _____

3. 이 영화는 매우 재미있다고 합니다.
→ _____

4. 그 가게는 요리가 맛있다고 한다.
→ _____

5. 휴일에 가면 사람이 많다고 한다.
→ _____

6. 그는 올 가을에 미국에서 결혼한다고 합니다.
→ _____

7. 그녀의 말로는 그는 가지 않는다고 한다.
→ _____

8. 일기예보에 의하면, 내일은 흐린다고 한다.
→ _____

9. 뉴스에 따르면, 올 겨울도 춥지 않다고 한다.
→ _____

10. 그곳은 매우 위험해서 모두 가고싶지 않답니다.
→ _____

11. 모레 저녁때부터 날씨가 나빠진다고 합니다.
→ _____

12. 부모님은 두분 모두 변함 없이 건강하답니다.
→ _____

■ 참 고

1) 「동사의 종지형+そうだ」는 「～と言っている」로 交換可能하다.
  雨が降る<u>そうだ</u>。　　　=　雨が降る<u>と言っている</u>。
「～そうだ」는 過去形과 否定形에도 연결된다.
  雨が降<u>ったそうだ</u>。　　←　비가 내렸다고 한다.
  今日は雨が降ら<u>ないそうだ</u>。　←　오늘은 비가 오지 않는다고 한다.

2) 「という」는 일반적으로 말해지고 있는 것을 나타낸다.
  昔はこんなことがよくあった<u>という</u>。
   ← 예전에는 이런 일이 자주 있었다고 한다.
  今年は入梅が早い<u>という</u>。
   ← 올해는 장마철이 빠르다고 한다.

3) 다른 곳에서 얻은 정보에는, 귀로들은 音声情報(聴覚情報)와 눈으로 얻은 文字情報(視覚情報)가 있는데, 情報源을 알릴 때에는 일반적으로 「～によると/よれば」「～では」「～から/に聞いたところでは」「～から/に聞くと」로 나타낸다.

20-2.「〜との/ということだ」「〜と伝えられる」「〜と聞いている」문형
: 〜한다고 말하고/듣고 있다.

> **예 시**
> 損害は約3億円と伝えられた。
> 　← 손해는 약3억엔 이라고 전해졌다.
> 吉田さんが貴方によろしくということです。
> 　← 吉田씨가 당신에게 잘 부탁한다는 것입니다.
> 今日は午後から晴れるということだったのに、晴れませんね。
> 　← 오늘은 오후부터 갠다고 했는데 개지 않는군요.
> ここからは隣の県だと聞いている。
> 　← 여기부터 이웃 현이라고 듣고 있다.

연 습

13. 그녀는 몇 번이나 경험했다는 것이다.
　→ _____

14. 예전에는 이런 일이 자주 있었다고 한다.
　→ _____

15. 신문에 의하면 올 여름은 물 부족이 예상된다고 한다.
　→ _____

16. 일본인에게 들으니 일본에는 활화산이 80개나 있다한다.
　→ _____

17. 100년 후에는 평균기온이 2도정도 높아진다고 한다.
　→ _____

18. 신문에 의하면 내년부터 공공요금이 오른다고 한다.
　→ _____

19. 교통사고로 많은 사람들이 부상을 입었다고 한다.
　→ _____

20. 호텔 방에서는 바다가 아름답게 보인다고 한다.
  → _____

21. 오늘아침 일본에서 커다란 지진이 있었다고 한다.
  → _____

22. 인도양에서 초대형 해일이 발생했다고 한다.
  → _____

■ 참 고

「という」는 일반적으로 말해지고 있는 것을 나타내고,「とのことだ」「ということだ」는 特定人物로부터의 情報를 나타내거나, 伝言을 나타낸다.

또,「ということだ」는 過去에 얻은 情報에 반해,「현실은 이러하다」「결과는 이러했다」라고 말할 필요가 있는 경우에도 사용돼「そうだ」와 다르다.

  今日は午後から晴れるということだったのに、晴れませんね。
   ← 오늘은 오후부터 갠다고 했는데 개이지 않는군요.
  *今日は午後から晴れるそうなのに/そうだったのに、晴れませんね。

様態・推量표현

21-1. 「동사의 연용형 + そうだ」문형
 : ~할 것 같다.

예시

雰囲気にのまれ<u>そうだ</u>。　　← 분위기에 넘어갈 것 같다.
来月は忙しくなり<u>そうだ</u>。　← 다음달은 바빠질 것 같다.
いい天気が続き<u>そうだ</u>。　　← 좋은 날씨가 계속될 것 같다.
ボタンが取れ<u>そうだ</u>。　　　← 단추가 떨어질 것 같다.
韓国の選手が日本の選手にやられ<u>そうだ</u>。
　　← 한국선수가 일본선수에게 당할 것 같다.

연습

1. 이 문제는 어려운 것 같다.
   → _____

2. 그녀는 매우 기쁜 것 같다.
   → _____

3. 내일도 날씨가 좋을 것 같다.
   → _____

4. 설명하는데 15분 정도 걸릴 것 같다.
   → _____

5. 오늘은 어제보다 훨씬 추운 것 같다.
   → _____

6. 1시간 정도면 일이 끝날 것 같습니다.
   → _____

7. 이 책은 재미있어서 잘 팔릴 것 같다.
   → _____

8. 이번 시험은 전체적으로 쉬운 것 같다.
   → _____

9. 밖을 보니, 지금이라도 비가 내릴 것 같다.
  → _____

10. 애인이 선물해 준 가방은 튼튼할 것 같지 않다.
  → _____

11. 그는 즐거운 듯이 친구와 얘기하고 있다.
  → _____

12. 그녀는 슬퍼서 울 것 같은 얼굴을 하고 있다.
  → _____

13. 일정표를 보니 즐거운 여행이 될 것 같다.
  → _____

14. 비도 내릴 것 같지 않고 바람도 불지 않을 것 같다.
  → _____

▣ 참 고

　話者가 어떤 事態나 状況을 보고 느끼거나 판단한 状態를 말할 때 사용된다. 様態의「そうだ」는 名詞에는 접속하지 않는다. 名詞에 붙어 様態・状態를 나타낼 경우에는「名詞+のようだ」로 표현한다.

　　　先生は病気のようです。　← 선생님은 아프신 모양입니다.
　　　*先生は病気そうです。

21-2. 「동사의 연체형 + ようだ/みたいだ」문형
: ~할 것 같다. ~하는 모양이다.

> **예 시**
> 明日は雨が降る<u>ようだ</u>ね。
> 　← (일기예보를 보고)내일은 비가 올 것 같군요.
> 部長は彼女をやめさせる<u>ようだ</u>。
> 　← 부장님은 그녀를 그만두게 하는 모양이다.
> 彼女は何も知らない<u>ようだった</u>。
> 　← 그녀는 아무것도 모르는 것 같았다.
> となりの部屋に誰かいる<u>ようです</u>。
> 　← 옆방에 누군가 있는 모양입니다.
> あの人は<u>どうやら</u>結婚している<u>ようだ</u>。結婚指輪をしていたもの。
> 　← 저 사람은 아무래도 결혼한 것 같다. 결혼반지를 하고 있는걸.

연 습

15. 그녀는 감기 걸린 모양이다.
　→ _____

16. 매일 열심히 연구하는 모양이다.
　→ _____

17. 딸은 학교에 가고싶은 모양이다.
　→ _____

18. 그는 술을 마시지 않는 모양이다.
　→ _____

19. 저 사람들은 모두 한가한 모양이다.
　→ _____

20. 이 집에는 아무도 안 사는 모양이다.
　→ _____

21. 그녀는 매일 밤늦게 돌아가는 것 같다.
   → _____

22. 아버지는 혼자서 괴로워하고 있는 것 같았다.
   → _____

23. 더워진 것을 보니 여름이 가까워진 것 같다.
   → _____

24. 선생님은 정말로 운전을 좋아하는 것 같다.
   → _____

25. 땅이 젖어 있는 것을 보면, 어제밤 비가 온 것 같다.
   → _____

26. 눈을 보니, 그녀는 어제 밤 그다지 못 잔 것 같다.
   → _____

27. 이 사전은 글자가 커서 읽기 쉬운 것 같다.
   → _____

28. 그녀가 결혼하는 것은 아직 아무도 모르는 모양이다.
   → _____

29. 이 지방은 다른 지방보다 따뜻한 모양이다.
   → _____

30. 아무래도 그녀는 연하의 남성과 결혼하는 모양이다.
   → _____

31. 요즈음 좀 여윈 것 같은데 다이어트라도 하고 있습니까.
   → _____

▣ 참 고

話者自身이 직접보고 체험한 것에 의한 推定으로, 自身의 責任으로 판단을 내렸다는 의미가 強하다. 또 「～みたいだ」는 주로 회화체에서 사용된다.

21-3. 「동사의 종지형 + らしい」문형
： ~인/한 것 같다.

예시
今年は梅雨明けがおそい<u>らしい</u>。　← 올해는 장마가 길어질 것 같다.
吉田先生は病気<u>らしい</u>ですね。　← 吉田선생님은 아프신 것 같군요.
行かない方がよかった<u>らしい</u>。　← 가지 않는 편이 좋았던 것 같다.
向うから田中さん<u>らしい</u>人がやってきた。
　← 저쪽에서 田中씨같은 사람이 다가왔다.
あの人はどうも結婚している<u>らしい</u>。子供と遊んでいたの。
　← 저 사람은 아무래도 결혼한 것 같다. 아이와 놀고 있었는걸.

연습

32. 저 아이들은 쌍둥이인 것 같다.
→ _____

33. 그는 아직 아무것도 모르는 것 같다.
→ _____

34. 콘서트는 이미 끝난 것 같다.
→ _____

35. 일본어는 영어보다 쉬운 것 같다.
→ _____

36. 저 사람은 매우 정직한 것 같다.
→ _____

37. 이 가게는 음식이 맛있는 것 같다.
→ _____

38. 그 사람은 매우 유명한 것 같아요.
→ _____

39. 그녀는 남편을 사랑하지 않는 것 같다.
→ _____

40. 멕시코에서 커다란 지진이 있었던 것 같다.
→ _____

41. 여동생은 해외여행을 가고 싶은 것 같다.
→ _____

42. 저 두 사람은 서로 좋은 느낌을 가지고 있는 것 같다.
→ _____

43. 저 학교는 학생들에게 밤 늦게까지 공부시키는 것 같다.
→ _____

44. 그는 특히 일본어선생님을 좋아하는 것 같다.
→ _____

45. 잘 모르겠지만, 뭔가 나쁜 것을 먹은 것 같아요.
→ _____

46. 문에서 노크소리가 났다. 누군가가 온 것 같다.
→ _____

■ 참 고

話者의 직관적인 느낌이나, 話者가 他人이나 책·매스컴 등에서 보고들은 間接的인 経験에 의한 推定으로, 自身의 責任을 피한 判断이 될 가능성이 強하다.
또, 「名詞+らしい」의 경우, 名詞에서 연상되는 理想的인 사람·事物·狀況이라는 의미를 나타낸다.

彼は本当に<u>男らしい</u>ですね.　　　(그는 정말로 남자답군요)
もっと、<u>女らしい言葉遣</u>いをしなさい。(좀더 여자다운 말을 하세요)

21-4. 「~でしょう」「~だろう」「~であろう」문형
 : ~할 것이다. ~하겠지요.

> **예 시**
>
> 5時には着く<u>だろう</u>。　　　← 5시에는 도착할 것이다.
> まもなく完成する<u>であろう</u>。　← 곧 완성할 것이다.
> <u>さぞ</u>、困る<u>だろう</u>。　　　← 필시 곤란할 것이다.
> <u>まさか</u>、そんなことはない<u>でしょう</u>。
> 　← 설마 그런 일은 없겠지요.
> 毎日、天気がいいですね。明日はどう<u>でしょうか</u>。
> 　← 매일 날씨가 좋군요. 내일은 어떨까요.
> あそこは今、雨が降っている<u>でしょう</u>。
> 　← 저기는 지금 비가 내리고 있겠지요.
> 私の手紙はもう着いた<u>でしょうか</u>。
> 　← 제 편지는 이미 도착했을까요.

> **연 습**
>
> **47.** 내일은 아마도 비가 오겠지요.
> 　→ _____
>
> **48.** 그녀는 이미 결혼했을 것이다.
> 　→ _____
>
> **49.** 옛날에는 번화했겠지요.
> 　→ _____
>
> **50.** 저 레스토랑은 조용하겠지.
> 　→ _____
>
> **51.** 이것을 입고 있으면 일본사람 같겠지.
> 　→ _____

52. 웃고 있는걸 보니 그는 합격했겠지.
→ _____

53. 이 생선은 회로 먹으면 맛있을 것이다.
→ _____

54. 10년 전에 비해 중국은 많이 변했을 것이다.
→ _____

55. 아마도 친구는 부장으로 진급했을 것이다.
→ _____

56. 그는 열심히 공부했으므로, 아마 시험에 합격할 것이다.
→ _____

57. 도서관에 가면 그녀를 만날 수 있을 거라고 생각합니다.
→ _____

58. 오늘은 휴일이니까, 아무도 오지 않을 것이다.
→ _____

■ 참 고

「でしょう」는 未来뿐만이 아니라, 過去나 現在에 대해서도 추측이 가능해, 未来時制를 나타내는 英語의 "shall" "will"과 다르다.

「です」는 動詞에 접속되지 않는데, 「でしょう」는 動詞에도 접속이 가능해, 「動詞의 基本形+でしょう(か)」는 現在와 未来에 대한 推量을 나타내고, 「動詞의 過去形+でしょう(か)」는 過去에 대한 推量을 나타낸다.

「だろう」는 断定의 조동사 「だ」의 未然形 「だろ」에 推量의 조동사 「う」가 연결된 형태이다. 「でしょう」와 「だろう」의 差異는 「です」와 「だ」의 差異라 말할 수 있어, 이들은 文法的으로 構造도 意味도 같다.

逆接표현

22-1. 「~ても、~です/ます」문형
: ~해도 ~한다/하지 않는다.

예시

雨が降っても、私は行きます。　　← 비가 와도 저는 갑니다.
遠くてもタクシーで行きます。　　← 멀어도 택시로 갑니다.
病気でも会社を休みません。　　← 아파도 회사를 안 쉽니다.
値段が高くても私は買いたいです。
　　← 가격이 비싸도 나는 사고 싶습니다.
お金があっても、彼には貸してあげません。
　　← 돈이 있어도 그에게는 빌려주지 않습니다.
サボテンは雨が降らなくても枯れない。
　　← 선인장은 비가 오지 않아도 시들지 않는다.

연습

1. 천천히 이야기해도 몰랐습니다.
　→ _____

2. 푹 쉬어도 기운이 나지 않습니다.
　→ _____

3. 맥주를 3병 마셔도 안 취합니다.
　→ _____

4. 아무리 읽어도 이해할 수 없습니다.
　→ _____

5. 그녀는 아무리 먹어도 살이 안 찝니다.
　→ _____

6. 진짜 보석은 오래되어도 녹슬지 않습니다.
　→ _____

7. 물가는 올라도 봉급은 오르지 않습니다.
→ _____

8. 컴퓨터전원을 눌러도 기동하지 않는다.
→ _____

9. 요즈음은 저녁 7시가 지나도 아직 어둡지 않습니다.
→ _____

▣ 참 고

일반적으로, 前件이 성립했을 때, 기대되는 後件의 결과가 바람직하지 않을 때 또는 옳지 않은 결과를 초래했을 때 사용된다.

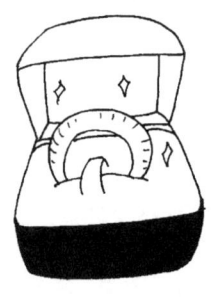

22-2.「～のに、～する/しない」문형
: ～하는데도 불구하고 해도 ～한다/하지 않는다.

예 시

金もない<u>のに</u>、ぜいたくする。 ← 돈도 없으면서 사치 부린다.
薬を飲んだ<u>のに</u>、治らない。 ← 약을 먹었는데 낳지 않는다.
彼女は目が悪い<u>のに</u>、眼鏡をかけていない。
　　← 그녀는 눈이 나쁜데 안경을 쓰지 않는다.
あの食堂は美味しくない<u>のに</u>、いつも混んでいる。
　　← 저 식당은 맛이 없는데도 언제나 붐 빈다.

연 습

10. 그 사람은 있는데도 없다고 한다.
→ _____

11. 싸우면 안 된다고 말했는데 결국 싸웠다.
→ _____

12. 친구는 아무것도 모르는데도 아는 척을 한다.
→ _____

13. 그만두는 게 좋다고 말했는데 듣지 않았다.
→ _____

14. 말하면 좋았을 터인데도 말하지 않았다.
→ _____

15. 애써 사왔는데도 조금도 기뻐해 주지 않는다.
→ _____

■ 참 고

　일반적인 생각이나 행동양식과는 다른 行為나 狀況을 표현할 경우에 사용된다. 즉, 前件의 행위와는 반대로, 後件이 행해진 것에 대한 표현주체의 不滿이나 억울함, 遺憾의 기분을 나타낸다. 이처럼, 前件의 예상내용과 실제의 결말(後件)이 틀릴 때 사용되어, 결과에 대해서 不服, 意外의 기분이 있다.

22-3. 그 밖의 逆接 문형

「~が/けれども、~する/しない」「~としても/にしても、~する/しない」
「~ものの/ながら、~する/しない」
　: ~이지만 ~한다,　~해도 ~한다,　~면서 ~이다

> **예시**
>
> 悪いと知り<u>ながら</u>、改めない。　← 나쁘다는 것을 알면서 고치지 않는다.
> そうは言う<u>ものの</u>、実行しない。　← 그렇게는 말하지만 실행하지 않는다.
> 顔は美しい<u>けれど</u>、心は汚ない。　← 얼굴은 예쁘지만 마음씨는 나쁘다.
> クーラーが入っている<u>が</u>、ぜんぜん涼しくない。
> 　← 에어컨이 켜져 있지만 전혀 시원하지 않다.
> 私が賛成した<u>としても</u>、心から納得したのではない。
> 　← 내가 찬성했다고 해도 진정으로 납득한 것은 아니다.
> 酒に酔っていた<u>にしても</u>、そのような行為は許せない。
> 　← 술에 취해 있었다하더라도 그와 같은 행위는 용서할 수 없다.

연습

16. 체구는 작으면서 힘이 있다.
→(ながら) _____

17. 그는 축구는 잘하지만 야구는 못한다.
→(けれど) _____

18. 마셔보았지만 맛있다고는 할 수 없었다.
→(ものの) _____

19. 그녀는 결혼했다고 해도 일은 해야만 한다.
→(としても) _____

20. 어제는 계약한다고 했는데 오늘은 안 한다고 한다.
→(が) _____

確信・推論표현

23-1. 「〜はずだ」「〜はずがない」「〜ないはずだ」문형
: ~할 것이다. ~일리 없다. ~하지 않을 것이다.

> **예시**
>
> この魚はうまいはずだ。　　← 이 생선은 맛있을 것이다.
> 確かここに置いたはずだけど。← 확실히 여기에 두었을 텐데.
> 彼の成績はもっと良いはずだ。← 그의 성적은 보다 좋을 것이다.
> 彼女は今日来るはずがない。　← 그녀는 오늘 올 리가 없다.
> こんなことになるはずではなかったのだが。
> 　　← 이렇게 될 리는 없었는데.
> おかしいな、もう少し温度が上がるはずなんだが。
> 　　← 이상하네, 좀더 온도가 올라갈 텐데.
> あの温厚な人がそんなひどいことはしないはずだ。
> 　　← 저런 온후한 사람이 그런 짓은 하지 않을 것이다.
> うまくいくはずだったが、実際にやってみると、うまくいかなかった。
> 　　← 잘될 것 같았지만, 실제 해보니 잘 되지 않았다.
> 彼は今日授業があるから、来ているはずです。
> 　　← 그는 오늘 수업이 있으니까, 와 있을 겁니다.

연습

1. 빨리 가면 20분 정도로 갈 수 있을 겁니다.
   → _____

2. 그는 5년 간이나 미국에 있었으므로 영어를 잘할 것이다.
   → _____

3. 이 한자는 이미 배웠으니까 읽을 수 있을 것입니다.
   → _____

4. 몇 번이나 자네에게 충고했을 거요.
   → _____

5. 아이 교육도 원래는 주부의 일일 것이다.
   → _____

6. 그녀는 오늘도 오지 않을 것이다.
   → _____

7. 그는 올리가 없었는데.
   → _____

8. 3개월로 퇴원할 수 있었는데 결국 1년 걸렸다.
   → _____

9. 어른이 할 수 없는 일을 애들이 할 수 있을 리가 없다.
   → _____

■ 참 고

「~はずだ」는 話者가 객관적인 증거에 의해 추측한 결과의 확신으로, 일반적인 知識이나 記憶, 計算등에 의한 帰結을 말할 때 사용한다.

「~はずではない」는 어떤 事態가 既成의 지식으로부터 예측된 것이 아닐 때 사용해, 현실이 話者의 예측과 달라 失望하거나 後悔하는 기분을 나타낸다.

「~はずだった」는 과거에 있어서 当然한 귀결을, 실제는 그와 다른 결과가 나왔다는 것을 나타내, 話者의 意外感・失望・後悔 등의 기분이 포함되어 있다.

23-2. 「～にちがいない」「～にきまっている」「～だと思う」문형
: ~임에 틀림없다. ~할 것이다. ~라고 생각한다.

> **예 시**
> あそこに掛っている絵は素晴らしい。値段も高いに違いない。
> 　← 저기 걸려있는 그림은 멋지다. 가격도 비싼 게 틀림없다.
> 幸せそうな顔を見てください。きっといい知らせだったに違いない。
> 　← 행복한 얼굴을 보십시오. 필시 좋은 소식임에 틀림없다.
> 熱が38度もあるのに旅行に行こうなんて、無理にきまっている。
> 　← 열이 38도나 있는데 여행 가자니 무리다.
> 彼女の病室は405号室だったと思う。
> 　← 그녀의 병실은 405호실이었다고 생각한다.

(연 습)

10. 내일은 눈 올 것이 틀림없다.
→ _____

11. 이런 장난을 치는 것은 그 녀석일 것이다.
→ _____

12. 반드시 그도 참가하고 싶을 것이다.
→ _____

13. 땅이 젖어 있으므로 비가 내린 게 틀림없다.
→ _____

14. 그런 짓을 하면 선생님은 반드시 화를 낼 것이다.
→ _____

15. 학생들의 표정으로 보면, 시험은 어려웠을 것이다.
→ _____

16. 그녀의 말에 의하면, 범인은 저 사람임에 틀림없다.
→ _____

17. 잘 모르지만, 학회는 다음주 토요일이라고 생각한다.
→ _____

18. 잘 기억하고 있지 않지만, 졸업식은 2월 23일이었다고 생각한다.
→ _____

19. 확실히 모르겠지만 그 사람도 올 거라고 생각한다.
→ _____

20. 외국인에게 한국음식은 매울 것입니다.
→ _____

21. 이 제품은 기능에 비해 매우 비싸다고 생각합니다.
→ _____

■ 참 고

「にちがいない」는 経験등에 의한 直感的인 確信을 나타내거나, 話者의 강한 確信을 나타낸다. 日常会話에서는 과장된 느낌이 있어 文書体에서 사용된다.
「にきまっている」는 必然・当然을 나타낸다. 즉, 「반드시 ~한다」「당연히 ~이다」라는 意味로, 話者의 확신이 담겨있는 推測을 나타낸다.

23-3. 「～かもしれない」문형

: ～일지도 모른다.

예 시

おもしろいかもしれないよ。
← 재미있을지도 몰라요.
彼は昨日、試験を受けたかもしれない。
← 그는 어제 시험을 쳤을지도 모른다.
当の本人は案外平気なのかもしれない。
← 장본인은 의외로 담담할지도 모른다
もしかすると、何か強力な材料を持っているのかもしれない。
← 어쩌면 무언가 강력한 재료를 가지고 있을 지도 모른다.
ひょっとすると、彼は犯人ではなかったかもしれない。
← 어쩌면 그는 범인이 아니였을지도 모른다.
もう少し早く手術をしていれば、助かったかもしれない。
← 좀더 일찍 수술했더라면 살았을지도 모른다.

연 습

22. 어쩌면 위험할지도 모른다.
→ _____

23. 과연 자네 말대로 일지도 모른다.
→ _____

24. 어쩌면 수상은 그만둘지도 모릅니다.
→ _____

25. 그는 이미 자고 있는지도 몰라요.
→ _____

26. 선생님은 술을 싫어할지도 모릅니다.
→ _____

27. 빨리 집에 돌아가는 게 좋을지도 모른다.
→ _____

28. 좀더 분발하면 지망학교에 합격할지도 모른다.
→ _____

29. 그는 지금쯤 그녀를 만나고 있는지도 모릅니다.
→ _____

30. 알고 있을지도 모르지만, 오늘 6시부터 회의가 있습니다.
→ _____

31. 제 말이 틀릴지도 모르지만 김 선생님은 지금 미혼일겁니다.
→ _____

◧ 참 고

「～かもしれない」는 話者의 発話時의 推量을 나타내, 그런 가능성이 있다는 의미로 사용된다. 日常会話에서는 「かもわからない」의 형태로 사용되는 것도 있고, 편한 会話에서는 「かもね」「かもよ」 등의 형태로 사용된다.

또, 文書体에서는 「かもしれぬ」「かもしれず」 등이 사용된다.

説明・理致 표현 24

24-1. 「〜のだ/んです」문형

> **예 시**
>
> 食べる前には手を洗う<u>んです</u>よ。　← 먹기 전에는 손을 씻는 거예요.
> 言い訳をするのはよくない<u>です</u>。　← 변명하는 것은 좋지 않습니다.
> 娘はきっと金君とあっている<u>んだ</u>。
> 　← 딸은 틀림없이 김 군과 만나고 있는 것이다.
> この万年筆は父からもらった<u>んだ</u>。
> 　← 이 만년필은 아빠한테 받은 것이다.
> 実は、困ったことが起こった<u>んです</u>。
> 　← 실은 난처한 일이 일어났습니다.
> こんなにつまらない仕事なら、断わる<u>のだった</u>。
> 　← 이런 하찮은 일이라면 거절하는 것이었다.

연 습

1. 미안합니다, 버스가 지연되었습니다.
   → _____

2. 전차 안에서 지갑을 잃어버렸습니다.
   → _____

3. 좀 기다려 주십시오. 이야기가 있습니다.
   → _____

4. 이번 재해는 천재가 아니라 인재였던 것이다.
   → _____

5. 작은 사고가 나중의 대 참사의 계기가 된 것이었다.
   → _____

▣ 참 고

「のだ」는 文書体, 「んだ」는 회화체에서 주로 사용되며, 공손한 말투「のです」는 회화체에서도 사용된다. 스스럼없는 회화에서는「どうしたの?」의「の」만으로 끝마칠 때도 있고, 딱딱한 文書体에서는「のである」가 사용된다.

24-2. 「～わけだ/わけではない」문형

예 시

寒い<u>わけだ</u>。氷が張っている。　　← 추운가 보다. 얼음이 얼어있다.
一人あたり3万円かかる<u>わけですね</u>。← 한사람 당 3만엔 드는군요
時差が3時間あるから、午前10時に着く<u>わけだ</u>。
　　← 시차가 3시간 있으니까 정각 오전10시에 도착하는 것이다.
こうして二人は結婚して、幸せに暮した<u>わけです</u>。
　　← 이렇게 해서 두 사람은 행복하게 살았던 것입니다.
直接言えばすむ<u>わけだが</u>、なかなかそう簡単にはいかない。
　　← 직접 말하면 그만이지만, 좀처럼 그렇게 간단하지 않다.

연 습

6. 이런 상태로는 잘 될 리가 없다.
→ _____

7. 열이 40도나 되니까, 괴로운 것이다.
→ _____

8. 그가 실패한 것에는 이러한 사정이 있었던 것이다.
→ _____

9. 당신 한사람이 나쁘다는 것은 아닙니다.
→ _____

0. 영문과를 나와도 영어회화를 잘하는 것은 아니다.
→ _____

1. 특별히 그녀에게 불만이 있는 것은 아니다.
→ _____

■ 참 고

「～れけだ」는 추론의 결과, 당연히 그렇게 되는 사태를 나타내며, 事態가 성립하는 原因・理由가 있다고 판단된다. 오로지, 理致에 의거한 설명표현으로「すると, つまり, したがって, 結局」등의 접속표현과 함께 사용된다. 지금의 狀況을 說明・納得하기도 하고, 어떤 狀況의 이유를 推測하기도 한다. 따라서, 손위 사람에게 사용하면 건방지거나 失禮가 되므로 주의가 필요하다.

24-3. 「～ものだ/ものではない」문형

> **예시**
> パイロットはかっこいい<u>ものだ</u>。 ← 비행기 조종사는 멋있다.
> しばらく会っていなかったが、友人も年を取った<u>ものだ</u>。
>   ← 오랫동안 못 만났는데, 친구도 나이를 먹었다.
> ナイフとフォークはこうやって使う<u>ものだ</u>。
>   ← 나이프와 포크는 이렇게 사용하는 것이다.

연습

12. 친구 집을 보니 나도 집을 짓고 싶다.
→ _____

13. 싸움 같은 거 하고 싶지 않다.
→ _____

14. 그토록 화려한 옷을 잘도 산다.
→ _____

15. 생선요리에는 백포도주를 곁들이고 싶다.
→ _____

16. 인간은 본래 자기 멋대로 인 것이다.
→ _____

17. 이대로 평화로운 생활이 계속되었으면 한다.
→ _____

■ 참 고

이런 用法으로 사용되는 「ものだ」는 「た形」이 허용되고, 形式名詞인 「もの」에 가깝다. 또, 話者의 意思判断으로서 상대방에게 호소한다고 하는 modality 的인 요소가 없다. 会話体에서는, 자신의 発言이나 立場을 正当化하거나, 자신에게 부여된 처사를 부당한 것으로 할 때 많이 사용된다.

24-4. 「〜ことになる」문형

예시

二人は話し合った結果、離婚することになった。
　← 두 사람은 이야기 한 결과 이혼하게 되었다.
睡眠不足が重なると、体調を崩すことになる。
　← 수면부족이 지속되면 건강을 해치게 된다.
来年留学すると言っているから、就職しないことになる。
　← 내년에 유학 간다고 하니까 취직 안 하는 것이 된다.

연습

18. 과로가 원인으로 병원에 입원하게 되었다.
→ _____

19. 아빠가 출장으로 미국에 가게 되었습니다.
→ _____

20. 딸은 올해 7살로 내년에 초등학교에 입학하게 된다.
→ _____

21. 19세가 되면 투표권을 가지게 됩니다.
→ _____

22. 그녀와 이야기한 결과 헤어지게 되었다.
→ _____

■ 참 고

「〜ことになる」는 必然的으로 어떤 結論이 導出된다는 것을 나타낸다. 즉, 行為에 대해서 어떤 決定이나 合意, 어떤 結果가 있거나, 다른 視点에서 바꿔말 할 때 사용된다. 이점에서는 「わけだ」와 비슷하나, 「わけだ」와 달리 主観的인 요소가 적고, 前提부터 必然的帰結이라는 推論 그 自体를 매우 客観的으로 말하는 표현이다.

条件표현

25-1. 「連体形 + と」문형

「Aと、B」「Aと、Bなります」「Aなると、B」「Aなると、Bなります」의 文型으로 많이 사용되어, 前件이 성립하면, 後件도 성립한다.

예 시

春になると、花がさく。　← 봄이 오면 꽃이 핀다.

手を離すと、危ないよ。　← 손을 놓으면 위험해요.

出かけようとしていると、雨が降ってきた。
　← 외출하려는데 비가 왔다.

この辺は夜になると、寂しくなります。
　← 이 주변은 밤이 되면 쓸쓸해집니다.

行こうと行くまいと、あなたの自由です。
　← 가든 말든 당신 자유입니다.

自動ドアの前に立つと、ドアが開きます。
　← 자동문 앞에서면 문이 열립니다.

私は船に乗ると、気持が悪くなります。
　← 저는 배를 타면 기분이 나빠집니다.

昨夜、テレビを見ていると、地震があった。
　← 어제저녁 TV를 보고 있는데 지진이 있었다.

駅からまっすぐ行くと、交差点があります。
　← 역에서 똑바로 가면 교차로가 있습니다.

연 습

1. 지도를 보면 금방 압니다.

→ _____

2. 이 보턴을 누르면 표가 나옵니다.

→ _____

3. 이를 닦지 않으면 충치가 됩니다.

→ _____

4. 나는 아침에 일어나면 운동을 한다.
   → _____

5. 요즈음은 아침5시경이 되면 밝아진다.
   → _____

6. 다리를 건너 조금가면 미술관이 있다.
   → _____

7. 이 약을 붙이면 곧 가렵지 않습니다.
   → _____

8. 어릴 적에 강에 가면 물고기를 잡아 왔다.
   → _____

9. 내가 하든 말든 그에게는 관계없는 일입니다.
   → _____

10. 찬 것을 너무 많이 먹으면 배탈이 납니다.
   → _____

11. 吉田씨의 말에 따르면 그녀는 결혼한다고 한다.
   → _____

12. 어두운 곳에서 책을 읽으면, 눈이 나빠집니다.
   → _____

13. 이 길을 똑바로 걸어가면 시청이 있습니다.
   → _____

14. 온천에 들어가면 피로도 풀리고, 기분도 좋아집니다.
   → _____

■ 참 고

기본적 특징은 2개의 事態의 일체성을 나타내는 점에 있고, 中心的用法은 대상이 되는 事態가 주로 현실의 事態이다.

25-2.「過去形(た形) + ら」문형

「たら」는 過去나 完了를 나타내는 助動詞「た」의 가정형으로, 장래 무 언가가 完了했을 때라는 의미를 나타낸다.

예 시

書いた<u>ら</u>、見せて下さい。
　← 썼으면 보여 주세요.
もう少し安かった<u>ら</u>、買ってきたのに。
　← 좀더 쌌으면 사왔는데.
地震が起こった<u>ら</u>、すぐ火を消してください。
　← 지진이 일어나면 곧 불을 꺼 주세요.
昼御飯を食べた<u>ら</u>、テニスをしませんか。
　← 점심을 먹고 나서 테니스하지 않겠습니까.
給料をもらった<u>ら</u>、飲みに行きませんか。
　← 봉급을 받고 나서 마시러 가지 않겠습니까.

연 습

15. 추우면 창문을 닫아주세요.
→ _____

16. 2, 3일 쉬면 좋아지겠지요.
→ _____

17. 날씨가 나쁘면 저는 안 갑니다.
→ _____

18. 집에 도착하면 전화하겠습니다.
→ _____

19. 회사에 나가보니 편지가 와 있었다.
→ _____

20. 정원에 나와보니 눈이 쌓여 있었다.
→ _____

21. 시험이 끝나면 바다에 놀러 갑니다.
　→ _____

22. 이름이 호명되면 대답해 주세요.
　→ _____

23. 친구에게 부탁했더니 돈을 빌려주었습니다.
　→ _____

24. 싸우지 않았더라면, 더 후회했을 것이다.
　→ _____

25. 좋아하는 사람이 있었으면 벌써 결혼했을 것이다.
　→ _____

26. 일이 끝나면 함께 돌아갑시다.
　→ _____

27. 사전을 찾아봤더니 곧 알았습니다.
　→ _____

28. 만약 1억 엔이 있다면, 무엇을 하겠습니까.
　→ _____

29. 만일 복권에 당첨되면 무엇을 사고 싶습니까.
　→ _____

■ 참　고

「~たら」의 中心的用法은 レバ形式과 달리, 個別的事態간의 依存関係를 나타낸다. 즉, 前件에서 時空間속에 실현하는 個別的事態를 나타내고, 後件에서 그 실현에 의존해서 성립하는 다른 個別的事態를 導入하는 것이다.

25-3. 「基本形 + (の)なら」문형

「なら」는 단정의 조동사 「だ」의 가정형이기 때문에, 前件은 그것이 틀림없는 確定事項을 나타낸다. 따라서, 어떤 사항(前件)을 알고, 자기가 그것에 어떻게 대응하는가를 後件에 표명한다.

예 시

彼女が行くなら、私も行く。
　← 그녀가 가면 나도 간다.
あそこが安いなら、買いに行きます。
　← 저기가 싸면 사러 가겠습니다.
そんなに欲しかった(の)なら、買えばよかったのに。
　← 그렇게 필요했으면 사면 좋았을 것을.
私が元気なら、親に心配はかけないのに。
　← 내가 건강하면 부모에게 걱정 끼치지 않을텐데.

연 습

30. 비면 가지 않겠습니다.
　→ _____

31. 일본에 간다면 10월초가 좋아요.
　→ _____

32. 싫으면 먹지 않아도 좋아요.
　→ _____

33. 이것이 돈이라면 좋겠는데.
　→ _____

34. 컴퓨터를 산다면 그 가게입니다.
　→ _____

35. 아프면 하는 수 없군요.
　→ _____

36. 더우면 에어컨을 켜도 좋아요.
→ _____

37. 결혼을 하면 알려주면 좋았을걸.
→ _____

38. 그 사람이라면, 믿을 수 있습니다.
→ _____

39. 가격이 같으면 큰 것을 사오세요.
→ _____

40. 그가 그렇게 말했다면 틀림없겠지요.
→ _____

41. 바쁘면 다음에 만날 때라도 이야기합시다.
→ _____

42. 여기라면, 조용하고 역에서도 가깝고 좋네요.
→ _____

43. 그렇게 배가 아프면 이 약을 먹어보세요.
→ _____

44. 무거운 짐이 있으면 차로 가는 게 좋아요.
→ _____

■ 참 고

「～なら」의 基本的特徵은 표현의 중점이 後件에 있어, 前件은 後件의 기반이 되는 사항을 제시한다. 즉, 後件에 표현자의 判斷이나 態度가 나타난다.

따라서, なら形式의 특징은 前件에서 어떤 事態를 가정해, 後件에서 표현자의 判斷이나 態度를 表明한다고 말할 수 있다. 이것은, れば形式・なら形式에 비해 前件과 後件의 결속이 약하다는 것을 말하며, 바꾸어 말하면 前件과 後件이 꽤 獨立的이라 말할 수 있다.

25-4. 「e/kere/nara + ば」문형

行く→行けば　赤い→赤ければ　学生だ→学生ならば/学生であれば

「AばX、BばY」의 文型으로 사용되어, A의 경우에는 X를 하지만, B의 경우에는 Y를 한다는 의미이다. 즉, 後件보다도 前件이 重視된다。

> **예 시**
>
> お金があれば、買いたい(ものだ)。　← 돈이 있으면 사고싶다.
> ちりも積もれば、山となる(ものだ)。　← 티끌 모아 태산이다.
> そこには若者もいれば、老人もいる。
> 　← 그곳에는 청년도 있고 노인도 있다.
> 学生であれば、勉強するべきだ。
> 　← 학생이면 공부해야 한다.
> 天気がよければ行きますが、天気が悪ければ行きません。
> 　← 날씨가 좋으면 갑니다만, 날씨가 좋지 않으면 가지 않습니다.

연 습

45. 누구나 하면 된다.
→ _____

46. 그에게 말하면 안다.
→ _____

47. 이 약을 먹으면 낫습니다.
→ _____

48. 저 산에 오르면 바다가 보인다.
→ _____

49. 이 스위치를 누르면 불이 켜집니다.
→ _____

50. 만약 가격이 비싸면 저는 안 삽니다.
→ _____

51. 돈이 있으면 뭐든지 살 수 있다.
→ _____

52. 여권만 있으면 캐나다에 갈 수 있습니다.
→ _____

53. 저 사람은 술도 마시고(飲めば) 담배도 피웁니다.
→ _____

54. 그는 영어도 잘하고(できれば) 일본어도 잘합니다.
→ _____

55. 영어는 천천히 이야기하면 들을 수 있습니다.
→ _____

56. 예를 들어 설명하지 않으면 모르겠습니다.
→ _____

57. 그 일이라면 아이들이라도 할 수 있습니다.
→ _____

58. 야외온천에 들어가 술이라도 마시면 최고입니다.
→ _____

59. 태풍이 오면 여행은 무리지만 비 정도라면 상관없어요.
→ _____

60. 만일 그녀가 한국인이라면 저는 결혼하고 싶습니다.
→ _____

■ 참 고

中心的用法은, 前件과 後件이 시간을 초월해 이루어지는 일반적인 因果関係를 나타낸다. 이것은 本性・本質을 나타내는「ものだ」를 附加할 수 있다는 사실에 의해 입증된다. 따라서, 論理性이 강한 표현이다.

25-5. 그 밖의 條件文型

(1) 「Vたりすると, Vようにしないと」
  1) 「Vたりすると」
    여러 행위 중에서 한가지를 들면, 또는 例를 들어 어떠한 일이 생길경우 등의 意味로 사용된다.
      社員が1人で社長に会ったりするとまわりから誤解される。
      (사원이 혼자서 사장을 만나면 주위로부터 오해받는다)
  2) 「Vようにしないと」
    특히 주의하여 행하지 않으면, 後件과 같은 부정적인 일이 発生한다는 意味이다.
      豆腐はすぐ冷蔵庫に入れるようにしないと腐ってしまう。
      (두부는 곧 냉장고에 넣어두지 않으면 썩어버린다)
  ◆ 「Vようにしておかないと」
    그러한 상태로 해두지 않으면, 그렇게 준비하지 않으면, 後件과 같은 부정적인 일이 일어난다는 意味이다.

(2) 「となると, とすると」
  1) 「となると」
    「그것이 정해지면」의 意味로, 「なる」의 성질상 객관적인 뉘앙스를 가진다.
      決めるまでぐずぐずしているが、やるとなると早い。
      (정하기까지 우물쭈물 거리지만, 한다하면 빠르다)
  2) 「とすると」
    「만일 그 일을 실현하고자 한다면」의 意味로, 주관성이 강하고, 만약이라고 하는 조건의 뉘앙스가 명확하다.
      医大に進むとすると卒業までにいくらかかるだろうか。
      (의대에 진학한다고 하면 졸업까지 얼마나 들까)

(3) 「ともなると, ともなれば」
  1) 「ともなると」
    개별적인 사항을 다루는 경향이 있으며, 文末이나 節末에 「なければならない」등의 意志表現이 온다.
      1時限目の試験ともなると、7時前に家を出なければならない。
      (1교시 시험이면 7시전에 집을 나오지 않으면 안 된다)
  2) 「ともなれば」
    일반적인 사항을 내용으로 하며, 条件의 語 「Vば」가 前件과 後件과를 因果関係로 연결하는 것을 기본으로 한다.
      部長ともなれば机の位置からして違う。
      (부장이라도 되면 책상위치부터 다르다)

(4) 「Vと困る, Vては/Vても困る」
  1) 「Vと困る」
    사항이나 행위에 대해서 객관적인 서술에 널리 사용된다.
      このことはみんなに知られると困る。
      (이일은 모두에게 알려지면 곤란하다)
  2) 「Vては困る」
    「Vては」는 「困る, だめだ, いけない」등 부정적인 語와 함께 사용되어, 표현주체를 主語로 삼는다.
      このことはみんなに知られてはいけない。
      (이일은 모두에게 알려져서는 안 된다)
  3) 「Vても困る」
    「Vては」의 意味를 기본적으로 가지면서, 주제를 가볍게 받거나 완곡하게 말하는 의미를 가진다.
      3年前のことを今更むしかえされても困る。
      (3년 전의 일을 새삼 문제삼아서도 곤란하다)

(5)「としたら, とすれば, ようだったら, ようなら」
 1)「としたら」
    決定 또는 강한 가정조건을 나타낸다.
       今度登るとしたら智異山だな。
         (이번에 등산한다고 하면 지리산이다)
       もし彼が凶器を持っていたとしたら、彼が犯人に違いない。
         (만약 그가 흉기를 가지고 있었다면 그가 범인임에 틀림없다)
 2)「ようだったら」
    「그러한 상태가 발생했을 경우」의 意味로 사용된다.
       もし病狀が惡化するようだったらすぐ知らせなさい。
         (만일 병이 악화된다면 곧바로 알리세요)
 3)「ようなら」
    「그러한 상태가 발생한다면」의 意味로 사용된다.
       もし病狀が惡化するようなら医者の責任だ。
         (만일 병이 악화되면 의사의 책임이다)
       もし君が八百屋に行くようなら、りんごを買ってきてくれないか。
         (만약 네가 야채가게에 가게되면, 사과를 사다주지 않을래.)
 4)「とすれば」
       もしこの本を読むとすれば、知らないことばが多いかもしれない。
         (만약 이 책을 읽는다면, 모르는 말이 많을지도 모른다)

 料理・날씨・病院 표현

예시

牛肉を入れて油でいためます。
　← 소고기를 넣고 기름에 볶습니다.
たまねぎを適当な大きさに切ります。
　← 양파를 적당한 크기로 자릅니다.
今日は台風の影響で風が強いでしょう。
　← 오늘은 태풍의 영향으로 바람이 강하겠습니다.
今朝の天気予報によると、午後雨が降るそうだ。
　← 오늘아침 일기예보에 따르면 오후 비가 온다고 한다.
今朝起きたら、頭がずきんずきんした。
　← 아침에 일어나 보니 머리가 욱신거렸다.
バスを降りたら、顔をしかめたくなるような暑さだった。
　← 버스에서 내리자 얼굴을 찡그리고 싶어지는 듯한 더위였다.

연습

1. 아내는 부엌에서 아침을 준비하고 있다.
　→ _____

2. 그녀는 지금 꽁치와 고등어를 굽고 있습니다.
　→ _____

3. 중부지방은 맑겠으나, 오후 한때 소나기가 오겠습니다.
　→ _____

4. 북부지방은 가끔 흐리겠으나, 밤늦게 눈이 내리겠습니다.
　→ _____

5. 최고기온은 서울과 대전이 25도, 부산은 27도 정도입니다.
　→ _____

6. 머리가 아프고 열이 있어, 딸아이를 병원에 데리고 갔다왔다.
　→ _____

7. 감기가 든 건지, 콜록콜록 기침을 하고 콧물이 나온다.
→ _____

8. 밤새 이가 아파서 아침 일찍 치과에 가서 치료를 받았다.
→ _____

9. 냉면을 먹은 후, 배탈이 나고 설사를 한다. 게다가 식욕도 없다.
→ _____

10. 친구는 넘어져 다리가 부러져, 정형외과에 입원해 수술을 했다.
→ _____

11. 나는 요즘 과로한 탓인지, 몸 상태가 안 좋다.
→ _____

제Ⅱ장

動作・作用표현 직문하기

1. 基本動作 표현
2. 「동사의 て形」표현
2-1. 「동사의 て形 + いる」文型
2-2. 「동사의 て形 + ある」文型
2-3. 「동사의 て形 + おく」文型
2-4. 「동사의 て形 + しまう」文型
2-5. 「동사의 て形 + いく, くる」文型
2-6. 「동사의 て形 + みる」文型
3. 複合動詞표현
3-1. 「동사의 連用形 + 始める, 続ける, 終わる」文型
3-2. 「局面의 語句」文型

基本動作표현

1-1. 「~は~を/に V」문형

예 시

私は昨日寿司を食べました。　　← 나는 어제 초밥을 먹었습니다.
妻はよくコーヒーを飲みます。　← 아내는 자주 커피를 마십니다.
父親は毎朝新聞を読みます。　　← 아버지는 매일아침 신문을 읽습니다.
彼女は毎月手紙を書きます。　　← 그녀는 매달 편지를 씁니다.
子供は毎週野球をします。　　　← 아이는 매주 야구를 합니다.

연 습

1. 언제 TV를 봅니까.
   → _____
2. 선생님은 자주 술을 마십니다.
   → _____
3. 저 분은 생선을 먹지 않습니다.
   → _____
4. 그 사람은 가끔 교회에 갑니다.
   → _____
5. 나는 매일아침 냉수를 마십니다.
   → _____
6. 딸은 돼지고기를 잘 먹습니다.
   → _____
7. 우리가족은 한 달에 한번정도 영화를 봅니다.
   → _____
8. 그녀는 매주 일요일 백화점에 갑니다.
   → _____
9. 어제 레스토랑에서 점심을 먹었습니다.
   → _____
10. 저 사람은 어디서나 큰 소리로 말합니다.
    → _____

1-2. 「～は～に/から～を V」文型

예 시

昨日友達から本を借りました。　← 어제 친구한테 책을 빌렸습니다.
日本はアメリカに自動車を売る。　← 일본은 미국에 자동차를 판다.
我が国は外国から石油を輸入します。
　　← 우리나라는 외국으로부터 석유를 수입합니다.
彼女はYMCAで英語と日本語を学びました。
　　← 그녀는 YMCA에서 영어와 일본어를 배웠습니다.
L先生は学生達に歴史を面白く教えます。
　　← L선생님은 학생들에게 역사를 재미있게 가르칩니다.

연 습

11. 나는 그녀에게 명함을 보였습니다.
→ _____

12. 그는 아는 사람에게 집을 팔았습니다.
→ _____

13. 형은 중국인에게 중국어를 배웁니다.
→ _____

14. 어제 백화점에서 구두를 샀습니다.
→ _____

15. 그녀는 선생님에게 책을 빌렸습니다.
→ _____

16. 저는 주말에 그녀와 데이트를 합니다.
→ _____

17. 이것은 신제품으로 영국에서 수입했습니다.
→ _____

18. 존경했던 선생님이 다른 대학으로 자리를 옮겼습니다.
→ _____

「동사의 て形」표현

2-1. 「동사의 て形 + いる」문형

2-1-1. 동작의 進行, 継続

「Sが/は (Nを) Vている」 ~가/는 (~를) ~하고 있다.

> **예 시**
>
> 飛行機が空を飛んでいる。　　← 비행기가 하늘을 날고 있다.
> 老人が公園を散歩している。　← 노인이 공원을 산보하고 있다.
> 彼女が泣いています。　　　　← 그녀가 울고 있습니다.
> 母親は電話をかけています。　← 엄마는 전화를 걸고 있습니다.
> 選手が運動場を走っている。　← 선수가 운동장을 달리고 있다.
> 友人が修士論文を書いている。← 친구가 석사논문을 쓰고 있다.
> 花子は今テレビを見ている。　← 花子는 지금 TV를 보고 있다.
> 我々は今レストランでコーヒーを飲んでいる。
> 　← 우리들은 지금 레스토랑에서 커피를 마시고 있다.

연 습

1. 그는 친구와 얘기하고 있다.
   → _____

2. 이 논문을 1시간쯤 찾고 있다.
   → _____

3. 남편은 지금 샤워를 하고 있다.
   → _____

4. 많은 사람들이 공원을 걷고 있다.
   → _____

5. 그녀는 지금 댄스를 배우고 있다.
   → _____

6. 그는 일하면서 대학에 다니고 있다.
   → _____

7. 그녀는 지금 선생님과 의논하고 있다.
→ _____

8. 2년 전부터 일본어를 공부하고 있다.
→ _____

9. 개와 고양이가 정원에서 싸우고 있다.
→ _____

10. 아빠는 신문을 보면서 밥을 먹고 있다.
→ _____

11. 이 테마는 이미 3년이나 연구하고 있다.
→ _____

12. 아내는 고기와 야채로 요리를 만들고 있습니다.
→ _____

◨ 참 고

「ている」가 동작의 進行이나 継続을 나타낼 경우, 問題의 시점이전에 動作이 시작되어, 그 시점에서 아직 動作이 끝나지 않은 상태를 나타낸다. 또, 「ている」形이 움직임의 계속상태를 나타내기 위해서는, 계속동사가 사용되지 않으면 안 된다.

2-1-2. 동작의 結果나 狀態
「Sは/が Vている」 ~는/가 ~아/어 있다

> **예 시**
>
> ドアが開いていた。　　　　　　← 문이 열려 있었다.
> 彼はふとっている。　　　　　　← 그는 살쪘다.
> 電球が切れていた。　　　　　　← 전구가 나가 있었다.
> 窓ガラスが割れている。　　　　← 유리창이 깨져 있다.
> 今朝の新聞が破れていた。　　　← 오늘아침 신문이 찢겨져 있었다.
> 公園のベンチが汚れていた。　　← 공원벤치가 더럽혀져 있었다.
> 彼女はシルバーシートに座っている。← 그녀는 경로석에 앉아 있다.
> いつの間にか彼に対する不信感が消えていた。
> 　　← 언제부턴가 그에 대한 불신감이 사라져 있었다.

(연 습)

13. 방에는 불이 켜져 있었다.
→ _____

14. 저기 누군가 쓰러져 있다.
→ _____

15. 지금은 아파트에 살고 있다.
→ _____

16. 누나는 행복하게 살고 있다.
→ _____

17. 그녀는 젊었을 때 말랐었다.
→ _____

18. 견고하게 창문이 닫혀 있었다.
→ _____

19. 고속도로에 트럭이 넘어져 있었다.
→ _____

20. 마루바닥 여기저기에 구멍이 있었다.
→ _____

21. 경찰 차가 가게 앞에 멈추어 있다.
→ _____

22. 태풍으로 정원에 나무가 쓰러져 있다.
→ _____

23. 대학주변에는 고층 아파트가 많이 서있다.
→ _____

24. 이 가게는 싸고 맛있어서, 늘 많은 사람이 줄지어 있다.
→ _____

▣ 참 고

「自動詞+ている」는 어떤 상태를 보고, 본 그대로를 말할 때 사용한다.

問題의 시점이전에 움직임이 終結하고, 움직임의 주체에 그 결과가 殘存하고 있는 상태를 나타낸다. 이런 의미로 사용되는 동사는, 「始まる・乾く・開く・閉る」 등의 상태의 변화를 나타내는 동사나, 「行く・来る・買える」, 또 「知る・持つ・住む」 등도 「ている」의 형태로 상태를 나타낸다.

2-1-3. 동작의 完了, 反復
「Sは/が (副詞) Vている」 ~는/가 ~아/어 있다

> **예시**
> 授業はもう始まっている。　　← 수업은 이미 시작되었다.
> 銀行はもうしまっていた。　　← 은행은 이미 닫혀 있었다.
> その記事はすでに読んでいる。　← 그 기사는 이미 읽었다.
> 選手が次つぎと到着している。　← 선수가 차례차례 도착한다.
> 先生にはまだ相談していない。　← 선생님에게는 아직 의논하지 않았다.
> 毎年、交通事故で多くの人が死んでいる。
> 　　← 매년 교통사고로 많은 사람이 죽고 있다.

연습

25. 테니스 레슨은 이미 마쳤다.
→ _____

26. 학교버스가 차례차례 출발한다.
→ _____

27. 언제나 이곳에서 책을 주문한다.
→ _____

28. 그는 지난주부터 도쿄에 와 있다.
→ _____

29. 부모님한테는 아직 말하지 않았다.
→ _____

30. 선생님은 매일 자전거로 출근한다.
→ _____

31. 그는 벌써 소주를 두 병이나 마셨다.
→ _____

32. 건강을 위해 매일 조깅하고 있습니다.
→ _____

33. 일주일에 2번 댄스교실에 다니고 있다.
→ _____

34. 매주 토요일 화분에 물을 주고 있다.
→ _____

35. 저기에 바퀴벌레가 죽어 있다.
→ _____

36. 제가 도착했을 때, 영화는 이미 시작되었습니다.
→ _____

37. 이 병원에서는 매일 10명 정도의 아이가 태어난다.
→ _____

■ 참 고

「ている」가「もう, すでに, まだ」등의 副詞와 함께 사용되면, 完了상태의 意味가 보다 명확해지고,「いつも, 次々と, 毎日」등과 함께 사용되면 동일동작의 反復의 意味가 보다 명확해진다.

2-1-4. 経験, 経歴, 習慣

「Sは/が (副詞) Vている」 ~는/가 ~아/어 있다

> **예 시**
>
> 私の父は本屋をしている。
> ← 아빠는 서점을 하고 있다.
> 私は週末ごとに釜山へ行っている。
> ← 나는 주말마다 부산에 간다.
> この美術館は毎日多くの人が訪れている。
> ← 이 미술관은 매일 많은 사람이 방문한다.
> その人は学生時代に富士山に登っている。
> ← 그 사람은 학생시절에 후지산에 올랐다.
> 韓国はこの種目で1988年と1992年に金メダルを取っている。
> ← 한국은 이 종목에서 1988년과 1992년에 금메달을 땄다.
> 大学の時代、よくあの喫茶店で友達と話していた。
> ← 대학 때, 자주 저 찻집에서 친구와 이야기했다.

연 습

38. 일본에는 벌써 5번이나 갔다.
→ _____

39. 거기는 그녀와 만날 때마다 가는 곳입니다.
→ _____

40. 10년 전부터 매일아침 체조를 하고 있습니다.
→ _____

41. 저 선수는 3년전 이 대회에서 우승했다.
→ _____

42. 그녀는 25년 동안이나 일기를 계속 쓰고 있다.
→ _____

43. 이사하고부터 아빠는 매일아침 지하철로 출근하고 있다.
   → _____

44. 작년에 한번 선생님에게 그 이야기를 들었다.
   → _____

45. 그는 15년 동안이나 트럭 운전사를 하고 있다.
   → _____

■ 참 고

「ている」가 「毎日、よく、時々、ごとに」와 같은 頻度를 나타내는 말과 함께 사용되면, 習慣의 意味가 명확해진다.

「~Nをしている」構文은 직업을 나타내는 名詞에 붙어서, 현재의 직업을 나타내는 표현이다. 또, 経験을 나타내는 경우, 過去에 발생한 것을 회상적으로 말할 때 사용된다.

2-2. 「동사의 て形 + ある」문형

2-2-1. 대상의 変化, 結果状態
「(もの)が 他V+てある」 ~이 ~아/어 있다

> **예 시**
>
> 明日の授業は予習し<u>てある</u>。　← 내일 수업은 예습했다.
> 冷蔵庫にビールが入れ<u>てある</u>。　← 냉장고에 맥주가 들어 있다.
> この問題はすでに発表し<u>てある</u>。　← 이 문제는 이미 발표했다.
> 壁にはきれいな絵がかけ<u>てある</u>。　← 벽에는 예쁜 그림이 걸려 있다.
> 教室は窓が開け<u>てあります</u>。　← 교실은 창문이 열려 있습니다.
> 床にカーペットがしい<u>てあった</u>。　← 바닥에 양탄자가 깔려 있었다.
> テーブルの上に書類が置い<u>てある</u>。 ← 책상 위에 서류가 놓여 있다.
> 指輪や銀行通帳は金庫にしまっ<u>てあります</u>。
> 　← 반지나 은행통장이 금고에 넣어져 있습니다.
> 本棚には日本に関する本が揃え<u>てあります</u>。
> 　← 책장에는 일본에 관한 책이 갖추어져 있습니다.
> 使った食器が洗ってあります。そして、戸棚に入れ<u>てあります</u>。
> 　← 사용한 식기가 닦여 있습니다. 그리고, 찬장에 넣어져 있습니다.
> マンションの扉を叩くのは、とんとんと二つずつ三回と決め<u>てあった</u>。
> 　← 아파트 문을 두드리는 것은 똑똑 두 번씩 세 번으로 정해 있었다.

(연 습)

1. 칠판에 영어가 쓰여 있었다.
   → _____

2. 일주일 전에 그에게 말해두었다.
   → _____

3. 창문에는 커튼이 걸려 있다.
   → _____

4. 책상 위에 편지가 놓여 있었다.
→ _____

5. 가게 앞에 과일이 진열되어 있다.
→ _____

6. 그 일은 그에게 부탁해 놓았다.
→ _____

7. TV옆에 전화가 놓여 있습니다.
→ _____

8. 벽장에 이불이 들어 있습니다.
→ _____

9. 식탁 위에 장미꽃이 예쁘게 장식되어 있었다.
→ _____

10. 연구실에는 커다란 일본지도가 걸려 있다.
→ _____

11. 일어나 보니, 이미 아침(조식)이 준비되어 있었다.
→ _____

12. 그 레스토랑은 출입구문에 열쇠가 채워져 있었다.
→ _____

◼ 참 고

「〈もの〉が〈他+てある〉」나「〈人〉が〈もの・こと〉を〈他+てある〉」의 文型으로 사용되는 경우, 状況描写文으로 前者는 対象의 変化(結果的인 状態)를 나타내고, 後者는 어떤 意図的行為의 結果로서 対象의 変化를 나타낸다. 단지, 後者의 경우 누군가가 행한 행위의 결과로서 남아있는 상태를 나타낼 뿐 동작주는 문제삼지 않기 때문에 동작주의 존재는 含意되어 있다.

또, 述語는「他動詞+てある」로,「自動詞+てある」는 사용할 수 없다.

2-2-2. 準備완료, 放置상태

「Sが/は 他V+てある」 ~이 ~를 해두다. ~가 ~해져 있다.

> **예 시**
>
> よく練習してあるから大丈夫だ。 ← 많이 연습했으니까 문제없다.
> あらかじめ会場を予約してある。 ← 미리 회장을 예약해 두었다.
> 試験のため、勉強してある。 ← 시험을 대비해서 공부해 두었다.
> 水を出しっぱなしにしてあります。← 물을 틀어 논 상태로 있습니다.
> 歩道に自転車が置いてあると、歩行のじゃまになります。
> ← 보도에 자전거가 방치되어 있으면, 보행에 방해가 됩니다.

연 습

13. 7시까지 가게를 열어둔다.
→ _____

14. 발표자료는 이미 읽어 두었다.
→ _____

15. 길가에 쓰레기가 버려져 있습니다.
→ _____

16. 그 어휘는 사전에서 조사해 두었다.
→ _____

17. 청소하기 위해 창문을 열어 두었다.
→ _____

18. 친구를 위해 요리를 만들어 두었다.
→ _____

19. 돈은 금고에 넣어 두었습니다.
→ _____

20. 일본에 오기 전에 일본어를 배워두었다.
→ _____

21. 냉장고에 맥주와 주스를 차게 해 두었다.
→ _____

22. 내일 파티에 필요한 것은 이미 모두 샀다.
→ _____

■ 참 고

「自動詞+ている」와 「他動詞+てある」는 「状態의 継続」이라는 점에서는 用法을 같이하고 있지만, 다음과 같은 차이를 보이고 있다.

「他動詞+てある」는 動作主의 存在가 含意되어 있는데,「自動詞+ている」는 일이 자연적으로 이루어졌다는 뉘앙스가 있다.

　　窓が開いている : 동작주를 排除한 대상의 결과상태
　　　　자연적인 결과나, 자기 힘으로 그렇게 한 경우의 상태를 나타낸다.
　　窓が開けてある : 동작주를 暗示한 대상의 결과상태
　　　　누군가의 意図的작용이 있고, 그 결과 현재의 상태가 있다는 意味 또,「他動詞+てある」와 「他動詞+られている」는 거의 같은 意味이다.

部屋には鍵がかけてある。(방에는 열쇠가 채워져 있다)
　　=部屋には鍵がかけられている。
テーブルの上に花が飾ってある。(책상 위에 꽃이 놓여 있다)
　　=テーブルの上に花が飾られている。

2-3. 「동사의 て形 + おく」문형

2-3-1. 상태지속, 어떤 시점까지 動作, 対応・対処하기 위한 行為

예 시

冷蔵庫にビールを入れておく。　　← 냉장고에 맥주를 넣어둔다.
夜までに商品を並べておく。　　← 밤까지 상품을 진열해둔다.
今週までに書類を出しておく。　　← 이번 주까지 서류를 제출해둔다.
明日は雨が降るそうだから、今日洗濯をしておいたほうがいいですよ。
　　← 내일은 비가 온다고 하니까, 오늘 빨래해두는 편이 좋아요.

연 습

1. 저녁 7시까지 가게를 열어둔다.
   → _____

2. 내일까지 책을 읽어둔다.
   → _____

3. 면접 전에 자료를 암기해 두었다.
   → _____

4. 출발하기 전에 전화 걸어 두겠습니다.
   → _____

5. 친구는 위스키를 좋아해서 준비해 두었다.
   → _____

6. 산 위에는 물이 없으니까, 여기서 마셔두세요.
   → _____

7. 다음주부터 담배 값 인상이 예상되므로, 오늘 많이 사 두었다.
   → _____

8. 내일부터 기름 값이 올라서, 오늘 가득 넣어두었다.
   → _____

9. 그 호텔은 언제나 붐비니까, 미리 예약해 두겠다.
　→ _____

■ 참　고

「～ておく」는 意図的行為文으로서, 意図的인 행위에 焦点을 두고, 대상의 変化(結果的인 状態)를 묘사하는 意味와 機能을 가지고 있다. 이점에서, 대상의 変化에 焦点을 두고 있는 「～てある」와 다르다. 즉, 「～てある」에는 어떤 目的을 위해 어떤 行為를 해서, 그 効果가 지금도 남아 있다고 하는 意味가 있는데, 「～ておく」에는 어떤 目的을 위해 미리 어떤 行為를 한다는 意味가 있다. 결국, 先行하는 行為의 発話시점에 있어서 結果的인 状態에 초점을 두면 「～てある」, 先行하는 行為에 초점이 맞춰지면 「～ておく」가 사용된다.

　　「～ておく」: 行為(焦点) → 結果(注目)
　　「～てある」: 結果(焦点) → 行為(注目)

2-3-2. 準備를 위한 행위, 放置하는 행위, 一時的인 処置・処理의 방법

예 시

子供を泣かし<u>ておく</u>。
　← 아이를 울게 내버려둔다.
息子を遊ばせ<u>ておく</u>。
　← 아들을 놀게 내버려둔다.
必要なことがらをあらかじめ調べ<u>ておく</u>。
　← 필요한 사항을 미리 조사해 둔다.
電気をつけたままにし<u>ておか</u>ないでください。
　← 전기 불을 켠 채로 방치하지 말아주세요.
使った食器は洗って、戸棚に入れ<u>ておき</u>ます。
　← 사용한 식기는 씻어서 찬장에 넣어둡니다.
私は買い物に行く前に、メモ用紙に買う物を書い<u>ておき</u>ます。
　← 저는 쇼핑 가기 전에 메모용지에 살 물건을 적어둡니다.

연 습

10. 친구한테 일단 맡겨두자.
→ _____

11. 우선 이방에 컴퓨터를 놓아두자.
→ _____

12. 일본에 오기 전에 일본어를 배워둔다.
→ _____

13. 외국에 갈 때 일주일전에 표를 사둔다.
→ _____

14. 모르는 말에는 일단 부호를 매겨둔다.
→ _____

15. 냉장고를 장시간 열어두어서는 안됩니다.
→ _____

16. 내일 친구가 오니까 오늘 청소해 둡니다.
→ _____

17. 도로에 차를 세워두면 교통방해가 됩니다.
→ _____

18. 식사준비를 해 두었습니다. 천천히 놀다 가세요.
→ _____

◼ 참 고

같은 「～ておく」文이라 할지라도, 그 앞에 「～まで」가 붙으면 放置의 意味가 되며, 「～までに」가 붙으면 準備의 意味가 된다.

┌─10時まで、冷房を付けておいてください。　→ 放置
│　(10시까지 냉방해 두세요)
└─10時までに、冷房を付けておいてください。　→ 準備
　　(10시까지 냉방을 해두세요)

2-4. 「동사의 て形 + しまう」문형
2-4-1. 完了, 유감

> **예 시**
> 全部書いてしまった。　　　　← 전부 써버렸다.
> ひととおり話してしまった。　　← 대강 이야기해 버렸다.
> 早く食べてしまいなさい。　　　← 빨리 먹어치우세요.
> 紙が破れてしまった。　　　　　← 종이가 찢겨버렸다.
> うっかり余計なことを言ってしまった。
> 　　　← 무심코 쓸데없는 이야기를 해버렸다.

연 습

1. 그 영화는 벌써 보았습니다.
   → _____

2. 전차 안에서 지갑을 잃어버렸다.
   → _____

3. 내 부주의로 꽃병이 깨져버렸다.
   → _____

4. 철로에 모자를 떨어뜨려 버렸다.
   → _____

5. 전차 안에 우산을 잊어 버렸다.
   → _____

6. 내가 좋아했던 운동화가 찢어져 버렸다.
   → _____

7. 이번 달 용돈을 이미 전부 써버렸습니다.
   → _____

8. 친구와 불장난을 하다 머리카락이 타버렸다.
   → _____

9. 10년 만에 만나서 잠시 친구이름을 잊어버렸다.
→ _____

10. 사진을 찍으려고 했는데 건전지가 끊겨버렸다.
→ _____

11. 초대형 해일로 많은 사람들이 죽어버렸다.
→ _____

12. 냉장고에 넣어둔 과일이 썩어 버렸다.
→ _____

■ 참 고

「～てしまう」는 会話体에서는「～ちゃう」「～じゃう」의 形態로도 사용되고 있고,「ぜんぶ, ひととおり」등의 부사를 수반하는 경우가 많다.

그리고,「てしまう」가 나타내는 完了는, 動作主가 意志的으로 행하는 것이므로,「てしまおう」의 형태를 취할 수 있다. 이것은, 意志動詞인 것의 특징이기도 하다.

全部書い<u>てしまおう</u>。　　　（전부 써버리자）
ひととおり話し<u>てしまおう</u>。（대강 이야기해 버리자）

「～てしまう」의 용법 중에는「유감」의 뜻으로 사용되는 경우가 가장 많고,「破れる, 切れる, 燃える, 倒れる, 消える, 折れる, くさる, 死ぬ」등의 자동사가「～てしまった」라는 과거형으로 많이 쓰인다.

2-4-2. 성가심・무심코, 無意志的인 동작으로 인한 後悔

예 시

糸を切ってしまった。　　　　　　← 실을 끊어버렸다.
木を燃してしまった。　　　　　　← 나무를 태워버렸다.
うっかりせきをしてしまった。　　← 무심코 기침해 버렸다.
つい、お酒を飲みすぎてしまった。← 그만 과음해 버렸다.
知らないうちにあがってしまった。← 모르는 사이에 흥분해 버렸다.

연 습

13. 무심코 하품해 버렸다.
 →
14. 꽃이 너무 예뻐서 꺾어 버렸다.
 →
15. 나도 모르게 종이를 찢어버렸다.
 →
16. 필요 없다고 생각해서 버려버렸다.
 →
17. 이상해서 그만 웃어 버렸다.
 →
18. 얼떨결에 접시를 깨 버렸다.
 →
19. 일이 끝났다고 생각해서 정리해버렸다.
 →
20. 칼로 과일을 깎다가 손을 잘라버렸다.
 →
21. 그가 안다고 여겨 무심코 메모를 지워버렸다.
 →

22. 친구와 얘기하는 사이에 아이스크림이 녹아 버렸습니다.
   → _____

23. 필요 없다고 생각해서 칠판글씨를 지워버렸다.
   → _____

◼ 참 고

「破る, 切る, 燃やす, 倒す, 消す, 折る, 捨てる, かたづける」 등의 타동사가 이런 의미로 쓰인다.

「てしまう」와 함께 사용되면 무심코 행한 동작으로 인해 성가심이나 후회를 나타내는 표현이 된다. 또 無意志的인 동작을 나타내는 副詞「つい, うっかり, 知らないうちに, いつのまにか」 등과 함께 사용되는 경우가 많다.

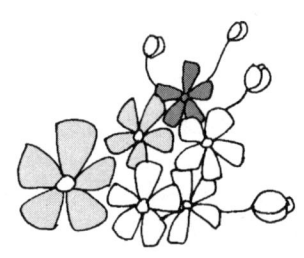

2-5. 「동사의 て形 + いく,くる」문형

「～ていく」「～てくる」는 本動詞意味로 쓰일 경우와 補助動詞意味로 쓰일 경우가 있는 데, 前者는 空間的인 移動을 나타내고, 後者는 時間的인 前後관계를 나타낸다. 그런데, 本動詞意味로 쓰일 경우는 本動詞다운 단계가 있고, 補助動詞意味로 쓰일 경우에는 문법적인 意味가 중요하다.

2-5-1. 主体移動, 対象移動
이 경우, 「行く・来る」가 本動詞意味로 쓰인다.

예시

① 夕食は軽く食べ<u>ていく</u>よ。 ← 저녁은 간단히 먹고 가요.
② コンビニでジュースを買っ<u>てきた</u>。 ← 편의점에서 주스를 사왔다.
③ 学生が泳い<u>でいきました</u>。 ← 학생이 헤엄쳐 갔습니다.
④ 友達が走っ<u>ていきました</u>。 ← 친구가 뛰어 갔습니다.
⑤ 毛布をかかえ<u>ていきました</u>。 ← 담요를 안고 갔습니다.
⑥ 父が私に荷物を届け<u>てきた</u>。 ← 아빠가 내게 짐을 부쳐왔다.
⑦ うしろから近付い<u>ていきました</u>。 ← 뒤에서 다가갔습니다.
⑧ 物資が集まっ<u>てきました</u>。 ← 물자가 모였습니다.
⑨ 昔の自分にもどっ<u>てきました</u>。 ← 옛날의 자신으로 돌아왔습니다.
⑩ 学生が手紙を書い<u>てきた</u>。 ← 학생이 편지를 써왔다.
⑪ パーティーにはスーツを着<u>ていった</u>。 ← 파티에는 양복을 입고 갔다.

연습

1. 누나는 방에서 나갔습니다.
   → _____

2. 배는 항구를 떠나갔습니다.
   → _____

3. 친구가 내게 책을 보내왔다.
   → _____

4. 서점에 가서 책을 사왔습니다.
→ _____

5. 그녀가 그에게 전화를 걸어왔다.
→ _____

6. 가방에 도시락을 가지고 갔습니다.
→ _____

7. 저 짐을 여기까지 가져다주세요.
→ _____

8. 남편은 매일 밤 8시경 돌아옵니다.
→ _____

9. 어떤 청년이 짐을 짊어지고 왔습니다.
→ _____

10. 공원쪽에서 아이가 한 명 걸어왔습니다.
→ _____

11. 도서관에 가서 사전을 빌려와 주세요.
→ _____

12. 그들을 태운 비행기는 서쪽으로 날아갔습니다.
→ _____

13. 아내는 아침 일찍 은행에 가서 돈을 맡기고 왔다.
→ _____

■ 참 고

「~ていく」「~てくる」가 예시①②에서는 順次動作을, 예시 ③④에서는 移動의 樣式을, 예시⑤⑥에서는 가고 올 때의 狀態를 나타낸다.

또, 예시 ⑦은 動作主가 話者로부터 멀어지는 동작·작용을 나타내고, 예시 ⑧⑨는 動作主가 話者쪽으로 접근하는 동작·작용을 나타낸다.

예시 ①~⑨는 主體移動을 나타내고 있지만, 예시⑩⑪는 對象의 移動을 나타내는 경우로 「てくる」만이 사용된다.

2-5-2. 出現・消滅의 過程, 서서히 변화, 動作·作用의 시작, 時間的継続
　　　 이 경우, 「行く・来る」가 補助動詞 意味로 쓰인다.

예 시

①幼いころの記憶がよみがえってくる。 ← 어렸을 때의 기억이 되살아난다.
②友人は人込みの中に消えていった。 ← 친구는 인파 속으로 사라져갔다.
③会社の財産はどんどんふえていく。 ← 회사재산은 자꾸 늘어간다.
④時間が経つにつれてのどがますますかわいてきた。
　　　 ← 시간이 경과함에 따라 목이 점차 말라왔다.
⑤寒くなると、しだいに朝遅刻する学生が増えてきます。
　　　 ← 추워지면 점차 아침에 지각하는 학생이 늘어간다.
⑥雪がぱらついてくる。 ← 눈이 흩날리기 시작하다.
⑦彼女の話を聞いて泣けてきた。
　　　 ← 그녀의 이야기를 듣고 눈물이 나왔다.
⑧この三年間、二人ははげましあってきた。
　　　 ← 3년간 두 사람은 서로 격려해 왔다.
⑨経済が少し落ち着いてきた。 ← 경제가 조금 안정되어 왔다.
⑩少年はたくましく成長していく。 ← 소년은 늠름하게 성장해 간다.
⑪その時からものをみる確かな目を育てていった。
　　　 ← 그때부터 세상물정을 보는 확실한 눈을 키워갔다.
⑫太陽が出たので、だんだん雪が解けてきた。
　　　 ← 해가 나왔으므로 점점 눈이 녹아갔다.

연 습

14. 그녀는 점차 여위어갔다.
　　→ _____

15. 그는 점점 자신감을 상실해갔다.
　　→ _____

16. 어머니를 잃은 슬픔은 점차 깊어만 간다.
   → _____

17. 일본어를 점점 말할 수 있게 되었다.
   → _____

18. 멀리서 파도소리가 희미하게 들려온다.
   → _____

19. 이제부터는 두 사람이 서로 도와 가야한다.
   → _____

20. 앞으로도 그 사람들을 보살펴 갈 생각이다.
   → _____

21. 파랗고 깨끗했던 바다도 점점 더러워졌다.
   → _____

22. 여성에 대한 차별은 지금까지 많이 개선되어 왔다.
   → _____

23. 지금도 아프리카에서는 많은 아이들이 기아로 죽어간다.
   → _____

24. 우리 대학이 비약적으로 발전해온 것은 최근 10년 간이다.
   → _____

■ 참 고

　예시①②는 出現・消滅의 過程을, 예시③④⑤는 副詞「しだいに、だんだん、～につれて、どんどん、ますます」등과 함께 사용되어, 서서히 변화하는 것을 나타낸다. 또, 예시⑥⑦은「～てくる」에만 해당되어 動作・作用의 시작을 나타내고, 예시⑧~⑪는 時間的継続을 나타낸다. 이때, ⑧⑨의「～てくる」는 어떤 시점까지의 사태를 문제삼고 있으며 ⑩⑪은「～ていく」는 어떤 시점以後의 사태를 문제삼고 있다. 예시⑫의 경우처럼,「増える、変わる、(雪が)解ける」등 変化動詞와 함께「てくる/ていく」가 사용되면, 段階的意味가 나온다.

2-6. 「동사의 て形 + みる」문형
2-6-1. 시험삼아 하는 動作

> **예 시**
> 一応、飲んでみてください。　　← 일단 마셔보십시오.
> 電気をつけてみた。　　　　　　← 불을 켜 보았다.
> どんな音がするか、たたいてみた。
> 　　← 어떤 소리가 나는지 두드려보았다.
> 朝起きてみると、あたり一面まっ白になっていた。
> 　　← 아침에 일어나 보니 부근 일대가 새하얗게 되어 있었다.

연 습

1. 사이즈가 맞는지 바지를 입어보았다.
   → _____

2. 무엇이 들어 있는지 뚜껑을 열어보았다.
   → _____

3. 소고기를 조금 먹어 보았는데 맛이 이상하다.
   → _____

4. 살아 있는지 아닌지 만져보았다.
   → _____

5. 정말 무거운지 들어보았으나 좀처럼 들 수 없었다.
   → _____

6. 몸에 좋다고 해서 마셔보았는데, 배가 아프기 시작했다.
   → _____

■ 참 고
「〜てみる」는 어떤 行爲를 시험삼아 행하는 것으로, 動作을 행하고 結果에 따라 여러가지를 판단할 때 사용된다.

2-6-2. 実現하는 動作

> **예시**
> おれが死んでみろ、お前たちどうやってて食っていく。
> ← 내가 죽어봐라, 너희들 어떻게 생활하니.
> 私もミスワールドと一生に一度恋愛してみたい。
> ← 나도 미스월드와 일생에 한번 연애해 보고 싶다.
> こわれた花瓶のかけらを合せてみたが、合わなかった。
> ← 깨진 꽃병조각을 맞추어 보았지만 맞지 않았다.

연습

7. 다시 한번 잘 생각해 보겠습니다.
   → _____

8. 나도 한번 미국에 가보고 싶다.
   → _____

9. 정신차려보니 돈이 없어져 있었다.
   → _____

10. 고향에 돌아 와 보니 이미 오래된 집은 없었다.
    → _____

11. 그는 연상의 여자와 사귀어 보고싶다고 한다.
    → _____

12. 결혼식은 식장이 아닌 정원에서 조용히 하고싶다.
    → _____

13. 전통 있는 오래된 초밥 집에 가서 초밥을 먹어보고 싶다.
    → _____

14. 전차를 그만두고, 자전거 통학을 해보았다.
    → _____

15. 차를 고쳐서, 문제없는지 타 보았다.

→ _____

■ 참 고
「～てみる」의 형태로 잘 사용되는 동사에는 다음과 같은 것들이 있다.

1) 감각을 나타내는 동사 : 見る, 聞く, 味わう, さわる
2) 감각을 돕는 동작을 나타내는 동사
   : 開ける, 消す, 近付く, つける, のぞく
3) 思考, 調査活動을 나타내는 동사 : 調べる, 探す, 考える, 探る

複合動詞표현

3-1. 「동사의 連用形 + 始める, 続ける, 終わる」문형

　3-1-1. 동작·작용의 開始

예시

突然、雨が降りだした。　　← 갑자기 비가 오기 시작했다.
川辺の氷が溶け始めた。　　← 강가의 얼음이 녹기 시작했다.
彼は重要なメモを破りかけた。　← 그는 중요한 메모를 찢기 시작했다.
花子は一時間前にセーターを編み始めた。
　　← 花子는 한시간 전에 스웨터를 짜기 시작했다.

연습

1. 갑자기 아이가 울기 시작했다.
   →＿＿＿＿＿＿＿＿＿＿＿＿＿＿＿＿＿＿＿＿＿＿

2. 다시 그녀에게 편지를 쓰기 시작했다.
   →＿＿＿＿＿＿＿＿＿＿＿＿＿＿＿＿＿＿＿＿＿＿

3. 걸어가던 그가 갑자기 뛰기 시작했다.
   →＿＿＿＿＿＿＿＿＿＿＿＿＿＿＿＿＿＿＿＿＿＿

4. 아이는 어제부터 학교에 가기 시작했다.
   →＿＿＿＿＿＿＿＿＿＿＿＿＿＿＿＿＿＿＿＿＿＿

5. 아내는 12시경부터 점심을 만들기 시작했다.
   →＿＿＿＿＿＿＿＿＿＿＿＿＿＿＿＿＿＿＿＿＿＿

6. 그는 주의를 둘러보고 나서 그녀에게 말을 걸었다.
   →＿＿＿＿＿＿＿＿＿＿＿＿＿＿＿＿＿＿＿＿＿＿

7. 선생님의 경험담 이야기가 끝나가기 시작했다.
   →＿＿＿＿＿＿＿＿＿＿＿＿＿＿＿＿＿＿＿＿＿＿

8. 즐겁게 얘기하고 있던 두 사람이 갑자기 싸우기 시작했다.
   →＿＿＿＿＿＿＿＿＿＿＿＿＿＿＿＿＿＿＿＿＿＿

9. 그녀가 결혼한다고 하는 이야기는 그가 꺼냈다.

→ _____

◨ 참　고

　「動詞의 連用形+始める」는 開始一般을 나타내고, 「動詞의 連用形+だす」는 事態의 發生을 나타내며, 「動詞의 連用形+かける」는 변화의 初期段階나 直前의 段階를 나타낸다.

　　　　雨が降り始めた。→ 비가 올 것을 어느 정도 예상한 결과
　　　　雨が降り出した。→ 비가 갑자기 온 경우
　　　　雨が降りかけた。→ 오전에 잠시 비가 왔는데, 오후에 다시 내린 경우

3-1-2. 동작・작용의 継続

> **예 시**
>
> 雷が鳴り続いた。
> ← 천둥이 계속 울리었다.
> 私たちは2時間も走り続けた。
> ← 우리들은 2시간이나 계속해서 달렸다.
> 彼女は先からずっと泣きつづけた。
> ← 그녀는 아까부터 계속 울어댔다.
> 友達はレポートの話をし続けた。
> ← 친구는 리포트이야기를 계속했다.

연 습

10. 하루종일 비가 계속해서 왔다.
→ _____

11. 10년간 나는 일기를 계속 썼다.
→ _____

12. 아침부터 강풍이 계속해서 불었다.
→ _____

13. 옆집사람은 오후부터 계속해서 노래하고 있다.
→ _____

14. 무슨일이 있었는지 과장님은 아까부터 담배를 계속 피웠다.
→ _____

15. 그는 그녀를 계속해서 지켜보고 있었다.
→ _____

16. 나는 어제 친구를 만나기 위해 2시간이나 계속 기다렸다.
→ _____

17. 저는 15년 동안 수동문과 사역문을 계속해서 연구해 왔습니다.
→ _____

◨ 참　고

　동작・작용의 継続을 나타내는 점에서는「動詞의 連用形+続ける」와「〜テイル」가 같지만, 時点을 한정하는 표현이 文中에 있을 때는「〜テイル」만이 가능하게 된다.

　　私が来た時、友達はレポートの話をしていた。
　　　(내가 왔을 때 친구들은 레포트이야기를 하고 있었다)
　　*私が来た時、友達はレポートの話をし続けた。

3-1-3. 동작・작용의 終結

예 시

彼らが並び終わるまで待ちなさい。
　← 그들이 다 줄지어 설 때까지 기다리세요.
赤ん坊はなかなか泣きやまなかった。
　← 갓난아이는 좀처럼 울음을 멈추지 않았다.
彼女は時間内に何とか答案を書き終えた。
　← 그녀는 시간 내에 간신히 답안을 끝마쳐 썼다.

연 습

18. 그녀는 일본노래를 끝까지 다 불렀다.
→ _____

19. 수업종이 울렸다.
→ _____

20. 넘어진 아이는 울음을 멈추었다.
→ _____

21. 선생님은 겨우 말씀을 마치었다.
→ _____

22. 신청서를 다 쓰고 나서, 나는 안심했다.
→ _____

23. 학생이 다 읽을 때까지 선생님은 보고 있었다.
→ _____

24. 부하직원이 다 말할 때까지 과장님은 묵묵히 있었다.
→ _____

■ 참 고
「動詞의 連用形+終わる」는 終結一般을 나타내지만, 「死ぬ、割れる」와 같

은 瞬間動詞나,「行く、来る」와 같은 移動動詞는 過程을 가지지 않고 終結点도 없으므로「〜終わる」는 사용할 수 없다.

　　　　＊彼女は学校へ行き終わった。cf)彼女は学校へ行った。
　　　　＊セミが死に終わった。cf)セミが死んだ。

「動詞の 連用形+終える」는 意志的인 動詞에만 연결되어 意志的인 동작의 終結을 나타내지만,「走る、遊ぶ」와 같은 動詞나,「いる、できる」등의 状態動詞, 事態를 나타내는 動詞에는 사용할 수 없다.

　　　　＊子供と二人で運動場を走り終えた。
　　　　cf)子供と二人で運動場を走った。

「動詞の 連用形+やむ」는 사태의 終結을 나타내지만, 無意志的인 事態를 나타내는 動詞에만 연결된다.

　　　　授業のベルが鳴りやんだ。(수업종이 울렸다)
　　　　授業のベルが鳴り終わった。(수업종이 울렸다)
　　　　＊授業のベルが鳴り終えた。
　　　　雨が降りやんだ。(비가 그쳤다)
　　　　＊雨が降り終わった。
　　　　＊雨が降り終えた。

3-2. 「局面의 語句」문형

3-2-1. 開始直前의 局面

「動詞의 基本形+ところだ」 ~하는 중이다. ~하는 참이다.
「動詞의 意志形+とする, としている」 ~하려고 한다.

> **예 시**
>
> 友人は出かけようとした。　　← 친구는 나가려고 했다.
> ちょうど出かけるところだ。　　← 마침 나가려던 참입니다.
> 彼女は家に帰るところだった。　← 그녀는 집에 돌아가는 중이었다.
> もう少しで大きな事故になるところだった。
> 　　← 여차하면 큰 사고가 날 뻔했다.

연 습

25. 그는 택시를 타려던 중이었다.
→ _____

26. 지금부터 공부하려던 참입니다.
→ _____

27. 아내는 저녁을 하려고 하고 있었다.
→ _____

28. 전차가 막 출발하려던 참이었다.
→ _____

29. 시계는 정오를 알리려고 하고 있었다.
→ _____

30. 그녀와 다시 만나려고 한다.
→ _____

31. 지금 도시락을 먹으려던 참이었다.
→ _____

32. 연락이 없어, 지금 전화를 걸려는 참이었다.
  → _____

33. 집에 돌아오자 아내는 쇼핑하러 나가던 중이었다.
  → _____

◨ 참 고

「～るところだ」는 動作을 시작하기 直前인 것을 나타내는데, 動作이 過去인 경우는 「～るところだった」를 사용한다. 「無意志動詞의 基本形 + ところだった」는 실제는 그 일이 일어나지 않았다는 것을 나타낸다.

　　もうすこしで津波が発生するところだった。
　　（여차하면 해일이 발생할 뻔했다.）
　　子供の火遊びで火事になるところだった。
　　（아이들의 불장난으로 불이 날 뻔했다.）

3-2-2. 동작·작용의 継続中
「動詞의 て形+いるところだ」 ~하고 있는 중이다.
「動詞의 連用形+つつある」 ~아/어 지고 있다. ~아/어 가고 있다.

> **예 시**
> 地球は温暖化しつつある。
> 　← 지구는 온난화 되어가고 있다.
> 池の氷が溶けているところだ。
> 　← 연못 얼음이 녹고 있는 중이다.
> 事件の真相が明らかになりつつある。
> 　← 사건의 진상이 밝혀지고 있다.
> 妻は服を片付けているところだった。
> 　← 아내는 옷을 정리하고 있는 중이었다.

연 습

34. 남극의 얼음이 녹아가고 있다.
→ _____

35. 우리 회사는 현재 성장해가고 있다.
→ _____

36. 경제는 순조롭게 회복되어가고 있다.
→ _____

37. 그 문제는 현재 검토하고 있는 중입니다.
→ _____

38. 남편은 지금 샤워하고 있는 중입니다.
→ _____

39. 그녀는 선생님과 의논하고 있는 중이다.
→ _____

40. 그는 지금 전화번호를 찾고 있는 중입니다.
→ _____

41. 그는 지금 자신이 죽어가고 있는 것을 의식하고 있었다.
→ _____

◨ 참 고

「ているところだ」는 動作의 継続이 中心이 되는 표현으로, 無意志動詞나 瞬間動詞는 사용할 수 없다.

　　*雨が降っているところだ。
　　*犬が死んでいるところだ。

「つつある」는 変化中인 것을 나타낼 때 사용한다. 즉, 変化의 過程이 継続되고 있다는 것을 나타내는 표현이다.

　　毎年海で取れる魚の量は少なくなりつつある。
　　日本と北朝鮮の関係は悪化しつつある。

3-2-3. 終結直後의 局面

「動詞의 た形 + ところだ/ばかりだ」 막 ~했다.
: 동작이나 일이 끝난 직후인 것을 나타낸다.

> **예 시**
>
> さっき着いた<u>ばかりです</u>。　← 아까 막 도착했습니다.
> 事件の全貌を今聞い<u>たところだ</u>。← 사건의 전모를 지금 막 들었다.
> カメラはこの間買っ<u>たばかりだ</u>。
> 　← 카메라는 일전에 산지 얼마 안 된다.
> 試験はさきほど終わっ<u>たところです</u>。
> 　← 시험은 조금 전에 막 끝났습니다.
> 電話したら、あいにくちょっと前に出かけ<u>たところだった</u>。
> 　← 전화했더니 공교롭게도 방금 전에 나간 직후였다.

(연 습)

42. 지금 막 돌아왔습니다.
→ _____

43. 회의는 지금 막 끝났습니다.
→ _____

44. 오후4시가 막 지났는데 벌써 어두워졌다.
→ _____

45. 일본에 막 왔을 때는 일본어도 잘 몰랐다.
→ _____

46. 해외근무를 마치고 지난달 귀국한 직후입니다.
→ _____

47. 이것은 일주일 전에 산 것인데, 벌써 고장나 버렸다.
→ _____

48. 그는 작년에 결혼했는데 벌써 이혼을 생각하고 있습니다.
→ _____

제Ⅲ장

受動·使役표현 작문하기

1. 受動표현
2. 使役표현
3. 使役受動표현

受動표현

受動者가 行爲者로부터의 行爲·作用에 의해서, 被害·迷惑를 입거나 利得이 되었다고 느꼈을 때, 受動者의 기분을 전하기 위해서 수동표현을 사용한다.

1-1. 直接受動

예 시

私は先生にほめられた。	← 저는 선생님에게 칭찬 받았다.
弟が兄にいじめられた。	← 동생이 형에게 구박 당했다.
被告人は死刑を宣告された。	← 피고인은 사형을 선고받았다.
彼はだれかに憎まれていた。	← 그는 누군가에게 미움받고 있었다.
犯人は警官に捕まえられた。	← 범인이 경찰에 붙잡히었다.
太郎は花子に見つけられた。	← 太郎가 花子에게 발견되었다.

연 습

1. 그는 친구들에게 얻어 맞았다.
   → _____

2. 나는 친구에게 도움 받았다.
   → _____

3. 그녀는 교장선생님께 특별상을 수여 받았다.
   → _____

4. 후배가 선배에게 미움받았다.
   → _____

5. 나는 오늘 선생님에게 심하게 혼났습니다.
   → _____

6. 저 사람은 마을 사람들에게 욕설을 들었다(매도당했다).
   → _____

7. 우승자가 시장으로부터 꽃다발을 건네 받았다.
   → _____

8. 그 분은 사람들에게 유능한 변호사로 인정받고 있습니다.
   → _____

9. 욘사마는 일본여성으로부터 사랑받고 있다.
   → _____

10. 花子는 太郎한테 식사에 초대받았습니다.
   → _____

11. 숙제를 하지 않아서, 선생님에게 야단맞았습니다.
   → _____

12. 대학교 때 선생님에게 심하게 고용된 일이 있다.
   → _____

13. 이것이 남편에게 사랑 받고 있는 증거입니다.
   → _____

14. 선생님에게 요즈음 무슨 책을 읽고 있는지 질문 받았습니다.
   → _____

15. 투수가 4번 타자에게 홈런을 얻어맞았다.
   → _____

16. 아이가 기르고 있던 개에게 물렸다.
   → _____

17. 전차 안에서 나는 모르는 사람에게 인사 받았다.
   → _____

18. 성인여성을 5명이나 죽인 범인이 경찰에 체포되었다.
   → _____

■ 참 고

直接대응하는 能動文이 존재하며, 주체가 직접적인 利害관계에 있다. 즉, 어떤 사태가 발생했을 경우, 동작을 행하는 사람을 주어로 해서 표현하면 능동문이 되지만, 동작의 피해자나 어떤 영향을 받는 사람을 주어로 해서 표현하면 수동문이 된다.

일본인은 동작을 행하는 사람보다는 동작을 받는 사람의 입장에 서서 표현하는 것을 선호하기 때문에 수동표현이 발달되어 있다.

1-2. 間接受動

> **예시**
>
> 私は虫に顔をさされた。　　　　　← 나는 벌레에게 얼굴을 물리었다.
> 彼女は友達に手紙を読まれた。　　← 친구가 그녀의 편지를 읽었다.
> タクシーにどろ水をひっかけられた。← 택시가 흙탕물을 튀기었다.
> その研究者は職をうばわれた。　　← 그 연구자는 일자리를 빼앗기었다.
> 見知らぬ男に子供を連れ去られた。← 모르는 남자가 아이를 데려갔다.
> だれかにフロッピーのデータを消された。
> 　　← 누군가에게 플로피디스크 자료를 삭제 당했다.
> 課長は新入社員にお茶をこぼされて怒っている。
> 　　← 과장님은 신입사원이 차를 엎질러 화나있다.
> 私は隣の人に1時間も騒がれて腹が立った。
> 　　← 저는 옆 사람이 1시간이나 떠들어서 화가 났다.
> 店の主人は忙しいのに、店員に休まれて困っています。
> 　　← 가게주인은 바쁜데 점원이 쉬어서 곤혹스러워하고 있습니다.
> 食堂で隣のテーブルの人にたばこを吸われて困りました。
> 　　← 식당에서 옆 테이블사람이 담배를 피워서 곤혹스러웠습니다.

연습

19. 나는 어제 비를 맞아 감기 걸렸습니다.
→ _____

20. 아이가 내 휴대전화를 부셔버렸다. (나를 주어로 해서)
→ _____

21. 점원이 내 주문을 틀려버렸다. (나를 주어로 해서)
→ _____

22. 동생이 내 케이크를 먹어버렸다. (나를 주어로 해서)
→ _____

23. 어릴 적에 아버지를 여의었다. (나를 주어로 해서)
→ _____

24. 어제 밤 친구가 놀러와서 공부할 수 없었다. (나를 주어로 해서)
→ _____

25. 전차 안에서 소매치기에게 지갑을 털리었다. (나를 주어로 해서)
→ _____

26. 과장에게 말투를 주의 받았다. (나를 주어로 해서)
→ _____

27. 버스 안에서 모르는 사람에게 발을 밟히었다. (나를 주어로 해서)
→ _____

28. 이웃집 아이가 울어서 잘 수 없었다. (나를 주어로 해서)
→ _____

29. 친구가 내 남자친구 사진을 봐 버렸습니다. (나를 주어로 해서)
→ _____

30. 아버지가 누나 전화를 끊어 버렸다. (누나를 주어로 해서)
→ _____

31. 어머니가 여동생 잡지를 버려버렸다. (여동생을 주어로 해서)
→ _____

32. 어머니가 나를 아침 일찍 깨워 버렸다. (나를 주어로 해서)
→ _____

33. 외국인이 아버지에게 영어로 길을 물었다. (아버지를 주어로 해서)
→ _____

■ 참 고

　間接受動은 直接대응하는 能動文이 존재하지 않고, 주체가 간접적인 利害관계에 있다. 「迷惑の受身」라고도 불리어, 主語・主題가 迷惑나 被害를 입었다는 것을 표현하는 日本語受動의 特徵중의 하나이다. 이중에는 身体의 일부분이 被害를 입는 경우, 所有物이 被害를 입는 경우, 동작을 행하는 대상에 의해 被害를 입는 경우, 생활에 관계하는 것에 被害를 입는 경우 등이 포함된다.

1-3. 特殊受動(自発)

> **예 시**
> 大学時代のことが<u>思い出される</u>。 ← 대학시절의 일이 생각난다.
> 発表者にかたさが<u>見られる</u>。 ← 발표자에게 딱딱함이 보인다.
> 彼女がこの頃おかしいという声が<u>聞かれる</u>。
>   ← 그녀가 요즈음 이상하다는 소리가 들린다.
> 彼はみんなに陽気な人間と<u>思われている</u>。
>   ← 그는 모두에게 밝고 쾌활한 사람으로 여겨지고 있다.

연 습

34. 고향이 그립게 느껴진다.
→ _____

35. 그때의 실수가 후회된다.
→ _____

36. 비행기승객의 안부가 걱정된다.
→ _____

37. 병으로 입원해 있는 아버지가 염려된다.
→ _____

38. 이 그림을 보면 작자의 기분이 느껴진다.
→ _____

39. 요즈음 돌아가신 어머니의 모습이 그리워진다.
→ _____

40. 모두가 그가 직장을 그만두는 것을 안타까워했다. (애석하게 여겼다.)
→ _____

■ 참 고

特殊受動은 생각하지 않아도 저절로 그와 같은 생각・느낌이 든다는 의미를 나타낸다. 「感じる、思う、思い出す、考える、心配する、悔やむ、偲ぶ、惜しむ」등 知覚이나 思考를 나타내는 동사가 주로 사용된다.

1-4. 無情物受動

> **예 시**
>
> ほどなく料理が運ばれてきた。
> ← 이윽고 요리가 운반되어 왔다.
> この本は(人びとによって)よく読まれている。
> ← 이 책은 많이 읽혀지고 있다.
> 銀行に入れておいた現金が盗まれた。
> ← 은행에 넣어두었던 현금을 도난 당했다.
> 会社側によって一方的に閉会が宣言された。
> ← 회사측에 의해 일방적으로 폐회가 선언되었다.
> この仕事は女の人に嫌われています。
> ← 이 일은 여자들이 싫어하고 있습니다.

연 습

41. 올림픽은 4년마다 열린다.
→ _____

42. 한자는 중국에서 전래되었다.
→ _____

43. 한국의 졸업식은 2월에 행해진다.
→ _____

44. 이 뉴스는 A신문사에서 흘러나왔다.
→ _____

45. 범죄가 당국에 의해 적발되었다.
→ _____

46. 영어는 많은 사람들에게 사용되고 있다.
→ _____

47. 오랜 연구 끝에 신제품이 개발되었다.
　→ _____

48. 여당의 제안은 야당한테 일제히 비난받았다.
　→ _____

49. 후지산은 외국인에게 잘 알려져 있습니다.
　→ _____

50. 눈은 마음의 창이라고 불리고 있습니다.
　→ _____

51. 일본어는 최근 많은 외국인에 의해 학습되고 있다.
　→ _____

52. 이 노래는 젊은이들에게 잘 불려지고 있습니다.
　→ _____

53. 담배는 포르투갈 인에 의해 일본에 전해졌습니다.
　→ _____

54. 가을은 스포츠의 계절이라고 불리고 있습니다.
　→ _____

55. 이 기계는 인기제품으로 많은 장소에서 사용되고 있다.
　→ _____

56. 북해도는 명치시대가 되어서부터 개발되었다.
　→ _____

57. 2002년 월드컵은 한국과 일본에서 동시에 열렸다.
　→ _____

◨ 참 고

　無情物을 주어로 하는 受動文은, 明治이후 欧米小説의 번역에 널리 사용되었는데, 일반적인 사실을 말할 경우나, 행위자를 明示할 필요가 없는 경우, 행위자를 특정 지울 수 없는 경우 등에 사용된다.

使役표현

사역자가 피사역자에게 動作・作用을 행하게 하든가, 狀態變化가 일어나게 하는 것을 나타낸다. 일반적으로, 사역자가 피사역자보다 손위 사람으로, 피사역자가 사역자보다 손위 사람인 경우에는 사역표현을 사용하지 않는다.

그러나, 손아래 사람의 행위가 손위 사람에게 精神的인 원인제공을 하고 있는 경우에는 사역자가 손아래 인 경우에도 사역표현이 가능하다.

彼女は退院して、両親を安心させました。
友人は病気で入院して、両親を心配させました。
私は学生のころ、勉強をしないで、先生を困らせました。

2-1. 強制使役

예시

先生が学生を走らせる。　← 선생님이 학생을 달리게 한다.
夫が妻にカレーを作らせた。　← 남편이 아내에게 카레를 만들게 했다.
母親は長男を買物に行かせた。　← 어머니는 장남을 쇼핑가게 했다.
親が子を使いに行かせる。
　← 부모가 아이에게 심부름을 가게 한다.
おせじを言って彼女を喜ばせた。
　← 입에 발린 말을 해 그녀를 기쁘게 했다.
父親は怖い話をして、子供たちを怖がらせた。
　← 아버지는 무서운 이야기를 해서, 아이들을 무섭게 만들었다.
この本は分かりやすいので、学生に買わせた。
　← 이 책은 알기 쉬우므로 학생에게 사게 했다.

연습

1. 자식은 젊었을 때 고생시켜야 한다.
   → _____
2. 나는 딸을 여름캠프에 참가 시켰다.
   → _____

3. 아빠가 남동생에게 짐을 나르는 심부름을 시켰다.
  → _____

4. 언니는 여동생에게 3시간이나 숙제를 시켰다.
  → _____

5. 선생님은 학생들에게 사전을 찾게 하고 테이프를 듣게 했습니다.
  → _____

6. 엄마는 아이에게 야채를 먹게 했다.
  → _____

7. 담당자를 사고현장에 즉시 출동시켰다.
  → _____

8. 과장님은 신입사원에게 2곡의 노래를 부르게 했다.
  → _____

9. 나는 늘 학생들에게 시를 외우게 한다.
  → _____

10. 선생님이 학생에게 발음연습을 시킨다.
  → _____

11. 국민의례 때, 사회자는 관객을 일어서게 했습니다.
  → _____

12. 선생님은 학생들에게 큰소리로 책을 읽혔습니다.
  → _____

13. 부장님은 계장님에게 다시 한번 리포터를 쓰게 했습니다,
  → _____

14. 엄마가 갓난아이에게 우유를 먹이었다.
  → _____

15. 형은 동생 머리를 때려, 동생을 울게 했다.
  → _____

16. 어머니는 아이에게 영어단어를 다섯 번 쓰게 했다.
  → _____

17. 남자아이는 벌레를 보여, 여자아이를 놀라게 했다.
→ _____

18. 나는 그녀에게 일본어만으로 말을 시켰다.
→ _____

19. 그의 행동은 주위사람들에게 의혹을 품게 했다.
→ _____

20. 상사는 부하직원에게 우산을 가지고 가게 했습니다.
→ _____

21. 학생들에게 문법을 이해시키는 것은 쉽지 않다.
→ _____

22. 나는 학생들에게 많은 문제를 풀게 해서 패턴으로 외우게 한다.
→ _____

23. 그럴 때는 알 때까지 한참 생각하게 한다.
→ _____

24. 부모가 아이들을 무리하게 학원에 보내고 있는 경우도 많다.
→ _____

25. 처음에는 간단하게 체조를 시키고, 그리고 나서 달리게 합니다.
→ _____

■ 참 고

强制使役은 어떤 사태에 적극적인 작용이 있기 때문에, 상대의 意志를 尊重한 표현이 아니다. 상대의 意志를 尊重할 경우에는 「～てもらう」를 사용한다.

田中は強制的に中村を行かせた。(田中는 강제적으로 中村를 가게 했다)
→ 田中は中村に行っ<u>てもらった</u>。(田中는 中村에게 가게 했다)

또, 强制使役은 직접적인 作用을 나타내는 경우, 命令・勧誘・忠告를 나타내는 경우, 감정적・정신적 변화를 나타내는 경우, 期待대로의 結果를 나타내는 경우 등 다양한 의미로 사용되고 있다.

2-2. 許容使役

> **예시**
>
> 今年から外来者にも<u>使用させる</u>ことにした。
>   ← 올해부터 외래 자에게도 사용하게끔 했다.
> そんなに行きたければ, <u>行かせてやって</u>もよい。
>   ← 그렇게 가고 싶으면 가게 해줘도 좋다.
> 来月かぎりで<u>やめさせていただきます</u>。
>   ← 다음달까지 그만두기로 하겠습니다.
> 言いたいやつには<u>言わせておく</u>。
>   ← 얘기하고 싶은 자에게는 말하게 둔다.
> 子供に酒を<u>飲ませない</u>でください。
>   ← 아이에게 술을 마시지 못하도록 해 주십시오.
> 私に電話を<u>かけさせてください</u>。
>   ← 내게 전화를 걸게 해주세요.

연습

26. 그는 자기 집에서 머물게 했다.
  →

27. 제발 여기서 좀 쉬게 해 주십시오.
  →

28. 책꽂이에서 자유롭게 책을 빼가게 한다.
  →

29. 미국에 가고싶다고 말해서 가게 했다.
  →

30. 어머니는 아이를 늦게까지 놀게 했다.
  →

31. 그녀에게 요리를 만들게 해 주십시오.
  → _____

32. 제게도 의견을 말하게 해 주십시오.
  → _____

33. 아내가 울고 싶은 만큼 울게 내버려둔다.
  → _____

34. 아이를 밖에서 놀고 싶은 대로 놀게 했다.
  → _____

35. 나는 학생들이 마음껏 노래부르게 내버려두었다.
  → _____

36. 딸이 댄스교실에 다니게 내버려두었다.
  → _____

37. 다음주 일을 좀 쉬었으면 합니다만.
  → _____

38. 아이들에게는 좋아하는 운동을 시키는 것이 좋다.
  → _____

39. 선생님에게 이야기를 듣기로 하겠습니다.
  → _____

40. 사진을 보여 주셔서 대단히 감사합니다.
  → _____

■ 참 고

許容使役은 어떤 事態의 生起를 허용한다. 이때, 「～ことにする」「～てやる」「～てもらう」의 형태로 사용되면 許可의 의미를, 「～ておく」의 형태로 사용되면 放任의 의미를, 「～ないでください」의 형태로 사용되면 不許可의 의미를 나타낸다.

2-3. 無意志的인 동작

> **예시**
>
> 祖母は祖父を戦争で<u>死な</u>せた。
> ← 조모는 조부를 전쟁에서 죽게 했다.
> 一つの事故が交通を長時間<u>渋滞</u>させた。
> ← 하나의 사고가 교통을 장시간 정체시켰다.
> 何が彼女を<u>そう</u>させたか。
> ← 무엇이 그녀를 그렇게 만들었는가.
> 野菜を<u>腐</u>らせてしまった。
> ← 야채를 썩게 만들었다.
> うっかり彼女の悪口を言って彼を<u>怒</u>らせた。
> ← 무심코 그녀의 욕을 해 그녀를 화나게 했다.
> 彼は車を<u>走</u>らせてしまった。
> ← 그는 차를 달리게 했다.
> 子供を非行に<u>走らせてしまった</u>。
> ← 아이를 비행청소년으로 나돌게 했다.

> **연습**
>
> **41.** 그는 언제나 사람을 웃게 한다.
> → _____
>
> **42.** 미래는 IT산업이 나라를 발전시킨다.
> → _____
>
> **43.** 나를 슬프게 하지 말아 주세요.
> → _____
>
> **44.** 더 이상 우리를 놀라게 하지 마세요.
> → _____

45. 큰소리를 내서 친구들을 놀라게 했습니다.
  → _____

46. 일주일전에 사온 고기를 썩게 내버려두었다.
  → _____

47. 누가 그녀를 넘어지게 만들었는지 화가 났다.
  → _____

48. 남자아이는 욕을 해 여자아이를 울게 했다.
  → _____

49. 아내는 스키장에서 발이 미끄러져 넘어졌다. (사역표현으로)
  → _____

50. 전염병을 발생시켜 버린 책임은 중대하다.
  → _____

51. 그는 재미있는 이야기를 해서 사람들을 웃게 했습니다.
  → _____

52. 나는 바퀴벌레를 보여 아내를 깜짝 놀라게 했습니다.
  → _____

53. 동생은 시험에 합격해서, 양친을 기쁘게 했습니다.
  → _____

54. 친구가 입원해서, 부모님을 걱정하게 했습니다.
  → _____

■ 참 고

이처럼, 無意志的인 동작은 어쩔 수 없는 운명과 같은 成行을 나타내는 경우, 사역의 주체가 사태의 原因을 나타내는 경우, 사역의 주체가 사태발생에 대한 간접적인 責任者를 나타내는 경우, 不本意을 나타내는 경우 등이 있는데, 주로 「~てしまう」의 형태로 사용된다.

使役受動표현

사역수동은 「Xが Yに (Zを) Vされる/せられる」와 「Xが Yに (Zを) Vさせられる」의 문형을 가져, 主語가 누군가의 使役행위를 받아 그것이 싫었지만 할 수 없이 하게되어, 그것에 의해 본이 아닌 被害를 입었다는 표현이다.

예 시

小屋が撤去させられた。 ← 오두막집이 철거되었다.
私は先生に前の席に座らされました。
　← 나는 선생님에 의해 앞좌석에 앉았습니다.
友人は先生に何回も発音を言わされました。
　← 친구는 선생님에 의해 몇 번이나 발음했습니다.
彼女はお母さんに掃除をさせられました。
　← 그녀는 어머니에 의해 청소했습니다.
昨日病院へ行ったが、患者が多くて、2時間ぐらい待たされました。
　← 어제 병원에 갔는데, 환자가 많아서 2시간 정도 기다렸습니다.
私はあまりお酒を飲みたくなかったのに、皆にお酒を飲まされた。
　← 난 그다지 술을 안 마시고 싶었는데 모두에게 술을 강요받았다.
妻は歌が下手なのに、友達に歌を歌わされました。
　← 아내는 노래가 서투른데, 친구에게 노래를 강요받았습니다.

연 습

1. 동료남성에게 탱고 춤을 강요당했습니다.
　→ _____

2. 남편이 아내에 의해 요리를 만들었다.
　→ _____

3. 사람들 앞에서 일본노래를 부르게 되었다.
　→ _____

4. 아들이 어머니에 의해 방 청소를 했다.
　→ _____

5. 그녀는 어머니에 의해 우산을 가져가게 되었다.
　→ _____

6. 학생들은 선생님에게 사전을 사도록 강요받았습니다.
　→ _____

7. 그녀는 사장에 의해 회사를 그만 두었다.
　→ _____

8. 신입생들은 선배들에게 억지로 술을 마시게 강요받았다.
　→ _____

9. 그는 부장님에 의해 영어만으로 이야기하게 강요받았습니다.
　→ _____

10. 나를 위해 누나는 대학을 단념하게 되었다.
　→ _____

11. 그는 선생님에 의해 세 번이나 대답했습니다.
　→ _____

12. 애인에게 맛없는 요리를 먹게 강요받았습니다.
　→ _____

13. 그는 선생님에 의해 두 번이나 책을 읽었습니다.
　→ _____

14. 선생님에게 일본어로 report를 쓰게 강요받았습니다.
　→ _____

15. 아빠는 술을 좋아하는데, 의사에게 술을 금지 당했다.
　→ _____

16. 딸이 어제 교과서를 잊고 와서 선생님에게 가져오게 강요받았습니다.
　→ _____

17. 어렸을 때 나는 어머니에게 매일 야채를 먹을 것을 강요당했습니다.
　→ _____

18. 나는 과장님에게 중국어로 전화 걸 것을 강요받았습니다.
　→ _____

■ 참 고

使役受動은 형태적으로 볼 때, 五段動詞는 「動詞의 미연형+せられる」가 簡素化되어, 実際의 使用에 있어서는 「動詞의 미연형+される」로 많이 사용된다.

    立つ → 立たせられる → 立たされる
    歌う → 歌わせられる → 歌わされる
    待つ → 待たせられる → 待たされる
    飲む → 飲ませられる → 飲まされる
    座る → 座らせられる → 座らされる

그러나, 「～す」 形態의 동사는 「せられる」의 형태로 사용된다.

    話す → 話させられる → *話さされる
    直す → 直させられる → *直さされる
    出す → 出させられる → *出さされる
    写す → 写させられる → *写さされる
    返す → 返させられる → *返さされる

◆ 使役文과의 差異

使役文은 행위가 이루어지는 順序에 입각해, 行爲者위주의 표현이라고 말할 수 있지만, 使役受動文은 행위를 받는 사람의 立場에서 被害感情을 內包하는 受動的인 表現이라고 말할 수 있다.

   ┌先輩が後輩にお酒を飲ませる。
   └後輩が先輩にお酒を飲ませられる。
   ┌飼い主が犬に新聞を取らせる。
   └犬が飼い主に新聞を取らせられる。

제IV장

敬語표현 작문하기

1. 존경표현
2. 겸양표현

존경표현

　존경표현은 話者가 상대방을 높여서 말해, 직접 敬意를 표하는 語이다. 話題의 인물에 대한 표현으로, 話者가 그 사람에게 敬意的配慮를 표하는 경우에 사용된다. 즉, 상대방이나 話題의 인물을 존경해서 말한다.

1-1. 「お/ご~になる」문형

예 시

　ここにご住所とお名前をお書きになってください。
　　← 여기에 주소와 이름을 써 주세요.
　先ほど森山様という方がお見えになりました。
　　← 조금 전 모리야마씨라는 분이 보이셨습니다.
　大阪には何時ごろお着きになりますか。
　　← 오오사카에는 몇 시경에 도착하십니까.
　駅からタクシーでおいでになったのですか。
　　← 역에서 택시로 오셨습니까.

연 습

1. 선생님이 차를 타십니다.
　→ _____

2. 여기서 좀 기다리시겠습니까.
　→ _____

3. 그 분은 언제쯤 오십니까.
　→ _____

4. 내일은 몇 시경에 출발하십니까.
　→ _____

5. 선생님 이 자료 벌써 보셨습니까.
　→ _____

6. 친구 아버님은 조금 전에 집으로 귀가하셨습니다.
　→ _____

7. 언제 처음으로 담배를 피우셨습니까.
→ _____

8. 그 책을 쓰신 선생님이 병에 걸리셨다.
→ _____

9. 선생님은 오늘아침 신문을 읽으셨습니까.
→ _____

10. 그 모자를 어디서 사셨습니까.
→ _____

11. 선생님이 추천서를 써 주셨습니다.
→ _____

12. 이번 강의는 주택문제에 대해서 말씀하시겠습니다.
→ _____

■ 참 고

이러한 「お/ご+連用形+になる/くださる/なさる」文型은 가장 일반적인 존경표현의 형태이다. 이밖에도, 「おいでになる, ごらんになる, お出かけになる, お話しになる」 등의 형태로도 사용된다.

1-2. 「れる/られる」形이나, 尊敬動詞 문형

예 시

先生がお話を<u>され</u>ます。　← 선생님이 말씀을 하십니다.
どうぞ楽に<u>なさって</u>ください。　← 부디 편히 쉬십시오.
お飲み物でも<u>召し上がり</u>ますか。　← 음료수라도 드시겠습니까.
帰りの切符はもう<u>買われ</u>ましたか。　← 돌아오는 표는 벌써 사셨습니까.
右側のエレベーターで六階まで<u>いらっしゃって</u>ください。
　← 우측 엘리베이터로 6층까지 오십시오.

연 습

13. 선생님은 언제쯤 오십니까.
　→ _____

14. 오늘은 어디에 가십니까.
　→ _____

15. 일본어로 말씀하시겠습니까. 영어로 말씀하시겠습니까.
　→ _____

16. 선생님은 무엇을 드시겠습니까.
　→ _____

17. 저에게 그것을 주시는 것입니까.
　→ _____

18. 선생님은 부장님을 알고 계십니까.
　→ _____

19. 밤늦게 까지 일을 하시지 말아 주세요.
　→ _____

20. 사장님이 어제 계약한다고 말씀하셨습니다.
　→ _____

21. 그 분은 엄한 선생님이지만 매우 친절하게 가르쳐주십니다.
→ _____

22. 일본에서 참가하시는 패널리스트는 이미 오셨습니다.
→ _____

23. 그렇게 말씀하시지 말고 한번 더 재고해 주십시오.
→ _____

■ 참 고

존경동사는 他人의 동작이나 존재를 존경해서 말하는 동사로, 「なさる(する), いらっしゃる(いる/来る/行く), おっしゃる(言う), めす(着る), あがる(食べる), めしあがる(食べる/飲む), みえる(来る), お耳にはいる(聞く), ご覧になる(見る)」 등이 있다.

겸양표현

겸양표현은 말하는 사람 자신을 낮추어 말함으로서, 상대방을 높이는 語法이다. 즉, 話題의 두 사람 중 上位者에 대해서 話者가 敬意的配慮를 표하는 경어로, 자신이나 자기 측 사람을 낮추어서 말한다.

2-1. 「お/ご~する」문형

예시

私が荷物をお持ちします。　　　　　← 제가 짐을 들겠습니다.
それでは、明日お会いしましょう。　← 그럼 내일 만납시다.
一階のロビーでお待ちしています。　← 1층 로비에서 기다리겠습니다.
明日は駅までお見送り申し上げます。← 내일 역까지 환송하겠습니다.

연습

1. 차로 보내드리겠습니다.
   → _____

2. 과장님에게 물어 보겠습니다.
   → _____

3. 제가 가방을 들어드리겠습니다.
   → _____

4. 회의 장소까지 안내하겠습니다.
   → _____

5. 그러면 즐겁게 기다리겠습니다.
   → _____

6. 그 날 저는 처음으로 그분을 만났습니다.
   → _____

7. 회의결과를 보고 드리는 것을 잊어버렸습니다.
   → _____

8. 이거 모두에게 보여줘도 좋습니까.
   → _____

9. 알려드리겠습니다. 참가자는 전원 모여 주세요.
　　→ _____

10. 합계 5점으로, 모두 124,980엔 지불 부탁드립니다.
　　→ _____

◼ 참　고
　이러한 「接頭語+連用形+補助動詞」는 겸양어적 성분을 부가하는 가장 일반적인 겸양표현의 형태로 사용된다.

　　　　お見せする　　　　お知らせいたします
　　　　お調べ申しあげる　　お届け申します
　　　　お許しいただく　　　お払いねがいます

2-2. 謙譲動詞문형

> **예 시**
> 弟はニューヨークに住んでおります。
> 　← 동생은 뉴욕에 살고 있습니다.
> 音楽会へは夕方からまいります。
> 　← 음악회에는 저녁때쯤 가겠습니다.
> どういたしたら、よろしいでしょうか。
> 　← 어떻게 하면 좋을까요.
> 父がうかがいたいと申しています。
> 　← 아빠가 찾아뵙고 싶다고 합니다.
> 良いものをいただき、感謝します。
> 　← 좋은 물건을 받아 감사합니다.
> 私の申し上げたとおり、間違いはありません。
> 　← 제가 말씀드린 대로 틀림은 없습니다.

연 습

11. 내일도 이쪽으로 오겠습니다.
→ _____

12. 저는 맥주로 마시겠습니다.
→ _____

13. 내일 댁에 방문하겠습니다.
→ _____

14. 제가 받아도 되겠습니까.
→ _____

15. 모레 만나 뵈어도 되겠습니까.
→ _____

16. 저는 아무것도 하지 않습니다.
 → _____

17. 아버지는 수출관계 일을 하고 있습니다.
 → _____

18. 그 일에 대해서는 제가 말씀드리겠습니다.
 → _____

19. 좀 물어보겠습니다만, 역은 어느 쪽입니까.
 → _____

20. 말씀드린대로, 틀림없습니다.
 → _____

21. 손님에게는 무엇을 드리면 좋을까요.
 → _____

22. 이렇게 많이 받아도 좋습니까.
 → _____

23. 잘 모르겠습니다만, 저는 그렇게 알고 있습니다.
 → _____

■ 참 고

겸양동사는 동작하는 사람이 상대방에 대해, 낮추어 말하는 동사로, 「おる(いる), 申す(いう), 申し上げる(いう), あげる(やる), さしあげる(やる/与える), いたす(する), 存ずる(思う/知る), うかがう(訪ねる/聞く/行く), いただく(もらう/受ける/食べる/飲む), うけたまわる(聞く), まいる(行く/来る), 拝見する(見る), 拝聴する(聞く), お目にかかる(会う), ちょうだいする(もらう)」등이 있다.

제 V 장

테마별로 작문하기

1. 인사소개
2. 우리 집
3. 내 방
4. 내 가족
5. 자기소개
6. 학교통학
7. 우리나라
8. 아르바이트
9. 나의 일주일
10. 내 친구
11. 내 취미
12. 내 생일
13. 일본어 수업
14. 하루 일과
15. 식생활
16. 스포츠
17. 일본의 계절
18. 고교생활
19. 내 고향
20. 해수욕장
21. 결혼관
22. 대학생활
23. 군대생활
24. 백화점 쇼핑
25. 일요일
26. 취미생활
27. 건강
28. 일본의 술 문화
29. 가족여행
30. 일본인의 결혼관
31. 일본의 음식문화

인사소개

1. 다음 「인사소개」를 작문하시오.

처음 뵙겠습니다.
→ _____

저는 洪吉童입니다.
→ _____

올해 25살로 회사원입니다.
→ _____

현대자동차에서 근무하고 있습니다.
→ _____

월요일부터 금요일까지 일합니다.
→ _____

토요일 오전은 친구와 테니스를 칩니다.
→ _____

일요일은 집에서 쉽니다.
→ _____

우리 집

2. 다음 「우리 집」을 작문하시오.

우리 집은 부산에 있습니다.
→ _____

교통이 편리하고 살기 좋은 곳입니다.
→ _____

집에서 지하철역까지 약10분 정도 걸립니다.
→ _____

버스정류장까지는 약5분 정도입니다.
→ _____

집 주위에는 우체국과 서점, 백화점등이 있습니다.
→ _____

우체국 옆에는 유명한 음식점이 있습니다.
→ _____

백화점 앞에는 대형서점이 있습니다.
→ _____

1층에는 국내서적이 있고, 2층에 외국어관련 서적이 있습니다.
→ _____

일본어관련 서적은 카운터오른쪽에 있습니다.
→ _____

내 방

3. 다음 「내 방」을 작문하시오.

제 방은 크고 넓습니다.
→ _____

방에 책상과 침대가 있습니다.
→ _____

책상 위에는 사진이 있습니다. 가족사진입니다.
→ _____

책상 옆에 커다란 책장이 있습니다.
→ _____

작년에 아빠가 사주셨습니다.
→ _____

책장에는 일본어관련 책과 영어관련 책, 각종잡지, 교양서적 등이 많이 있습니다.
→ _____

그리고 문 가까이에 침대가 있습니다. 침대는 새것입니다.
→ _____

제방에는 여러 가지 물건이 있습니다.
→ _____

저는 이 방을 매우 좋아합니다.
→ _____

내 가족

4. 다음 「내 가족」을 작문하시오.

저는 5인 가족입니다.
→ _____

아빠와 엄마, 오빠와 누나, 그리고 접니다.
→ _____

저는 한국의 부산에서 살고 있습니다.
→ _____

아빠는 회사원으로 집 근처의 회사에서 일하고 있습니다.
→ _____

아빠는 매일 아침 일찍 일어나서 가까운 공원을 산보합니다.
→ _____

58세이지만 매우 건강합니다.
→ _____

엄마는 요리를 잘합니다.
→ _____

엄마가 만든 요리는 매우 맛있습니다.
→ _____

저는 가끔 엄마와 같이 요리를 만듭니다.
→ _____

오빠는 연구소에서 일하고 있습니다.
→ _____

등산을 좋아해서, 쉬는 날은 친구들과 자주 산에 올라갑니다.
→ _____

누나는 대학교 4학년입니다.
→ _____

지금 열심히 취업준비를 하고 있습니다.
→ _____

저는 고등학교 3학년으로 스포츠를 매우 좋아합니다.
→ _____

자기소개

5. 다음 「자기소개」를 작문하시오.

저는 한국에서 온 홍길동입니다.
→ _____

지금은 학교기숙사에서 살고 있습니다.
→ _____

처음 일본에 왔을 때는, 말과 식사 등으로 매우 고생했습니다.
→ _____

하지만, 지금은 이곳 생활에 익숙해져 있고, 친구도 생겼습니다.
→ _____

저는 요리를 잘하고, 시간이 나면 친구들과 테니스를 즐깁니다.
→ _____

저는 호기심이 강해서 늘 여러 일을 체험해보고 싶습니다.
→ _____

제 취미는 꽃꽂이 인데, 약 1년간 배운 적이 있습니다.
→ _____

또, 동물 중에서는 개와 고양이를 매우 좋아합니다.
→ _____

그런데, 뱀이나 쥐, 원숭이 등은 매우 싫어합니다.
→ _____

일본음식은 다 좋아하지만, 그 중에서도 특히 초밥을 좋아합니다.
→ _____

앞으로 기회가 있으면 다도를 배우고 싶고,
→ _____

열심히 공부해서 대학원에 진학하고 싶습니다.
→ _____

가능하면 박사학위를 받아, 한국에 돌아가 대학교수가 되고 싶습니다.
→ _____

학교통학

6. 다음 「학교통학」을 작문해 보시오.

나는 매일아침 전차로 1시간 정도 걸려 학교에 다니고 있습니다.
→ _____

7시30분 경부터는 붐비므로, 언제나 7시20분 경에 전차를 탑니다.
→ _____

사람이 많아서 앉을 수가 없지만, 운이 좋으면 앉을 수도 있습니다.
→ _____

아침전차 안은 조용합니다.
→ _____

눈을 감고 있는 사람도 있고, 신문을 읽고 있는 사람도 있고,
→ _____

음악을 듣고 있는 사람도 있습니다.
→ _____

나는 창 밖을 보기도 하고, 차내 광고를 보기도 하고,
→ _____

옆 사람 신문을 들여다보기도 합니다.
→ _____

매일 같은 곳을 다녀도, 창 밖으로 보이는 풍경은 다릅니다.
→ _____

집에 돌아오는 전차는 5시경이니까 그다지 붐비지 않습니다.
→ _____

비 오는 날의 전차 안은 무덥습니다.
→ _____

아침승객과 달리 저녁승객은 이야기하거나 웃기도 합니다.
→ _____

밤늦게 전차를 타면, 술 마신 사람도 있고, 피곤해서 자고 있는 사람들도 있습니다.
→ _____

우리나라

7. 다음 「우리나라」를 작문해 보시오.

우리나라는 한국입니다. 일본과 중국사이에 있는 나라입니다.
→ _____

인구는 약 4500만으로 북한을 합하면 7000만 정도입니다.
→ _____

한국은 옛날부터 지리적인 위치 때문에 전쟁이 많았습니다.
→ _____

봄, 여름, 가을, 겨울 사계절이 뚜렷해서 살기 좋습니다.
→ _____

봄은 3월부터 5월까지로, 따뜻해서 꽃이 피고 만물이 소생합니다.
→ _____

여름은 6월부터 8월까지로, 매우 무덥습니다.
→ _____

장마는 6월 하순부터 7월 중순까지로 일년 중 이때에 비가 가장 많이 내립니다.
→ _____

장마가 끝나면 30도를 넘는 무더위가 한 달 정도 계속됩니다.
→ _____

그래서 많은 사람들이 이 시기에 휴가를 얻어 피서를 갑니다.
→ _____

가을은 9월부터 11월까지로, 단풍이 아름답습니다.
→ _____

겨울은 12월 1월 2월을 말하는데, 춥고 눈도 많이 내립니다.
→ _____

수도는 서울로 인구 1000만이 넘는 대도시입니다.
→ _____

우리나라에서 사용하는 언어는 한국어(한글)입니다.
→ _____

다른 나라 언어는 (그다지) 사용하지 않습니다.
→ _____

한글이외에는 한자와 외래어를 같이 사용하고 있습니다.
→ _____

아르바이트

8. 다음 「아르바이트」를 작문해 보시오.

저는 낮에는 학교에서 일본어를 공부하고 있지만,
→ _____

밤에는 레스토랑에서 아르바이트를 하고 있습니다.
→ _____

이 일은 친구가 소개해 주었습니다.
→ _____

일은 웨이터로 접시를 나르기도 하고 테이블 위를 정리하기도 합니다.
→ _____

가게 사람들은 모두 친절해서 여러 가지 일을 잘 가르쳐 줍니다.
→ _____

또, 학교가 바쁠 때는 무리해서 오지 않아도 상관없다고 배려해 줍니다.
→ _____

그래서 저도 더 열심히 일하지 않으면 안 된다고 생각합니다.
→ _____

아빠는 아르바이트를 해서는 안 된다고 반대했지만,
→ _____

잘 말씀드려 허락 받았습니다.
→ _____

아르바이트하는 곳에는 손님이 많이 오므로, 매우 바쁩니다.
→ _____

학교에서 공부를 마친 다음, 일을 하는 것은 매우 피곤합니다.
→ _____

그러나, 장래에 나 자신의 가게를 가지고 싶다고 생각하고 있고,
→ _____

여러 사람과 사귈 수가 있어서 즐겁습니다.
→ _____

나의 일주일

9. 다음 「나의 일주일」을 작문해 보시오.

저는 월요일부터 금요일까지 학교에 나갑니다.
→ _____

그리고 보통 오전 9시부터 저녁 5시까지 공부합니다.
→ _____

점심은 친구들과 함께 식당에서 먹으면서 여러 가지 이야기를 합니다.
→ _____

식당에서는 많은 친구들을 만날 수 있어서 매우 즐겁습니다.
→ _____

그래서 나는 점심시간을 좋아합니다.
→ _____

가끔은 학교근처 레스토랑에 가는 일도 있습니다.
→ _____

수업이 끝나면 도서관에 가서 예습과 복습을 합니다.
→ _____

수요일과 목요일은 아르바이트가 있어서, 수업이 끝나면 곧바로 갑니다.
→ _____

토요일은 집에서 쉬거나 친구를 만나 놉니다.
→ _____

일요일은 빨래를 하거나 쇼핑을 하거나 푹 쉽니다.
→ _____

날씨가 좋은 날은 근처 공원을 산책하기도 합니다.
→ _____

또, 일요일은 가끔 교회에 나가기도 합니다.
→ _____

내 친구

10. 다음 「내 친구」를 작문해 보시오.

나는 밝고 적극적인 성격이어서 친구가 많이 있다.
→ _____

그 중에서도 가장 친한 친구는 S대 경영학과를 졸업한 李良好이다.
→ _____

그와 처음 만난 것은 고등학교 때이다.
→ _____

친구는 남자답고 친절하며 매우 정직한 사람이다.
→ _____

나보다 한 살 많은데, 언제나 내 고민을 들어 주어서 친형과 같은 사람이다.
→ _____

내가 외로울 때나 곤경에 처해 있을 때는 언제나 힘이 되어 준다.
→ _____

그는 지금 대기업에서 과장으로 근무하고 있다.
→ _____

매일 너무 바빠 거의 밤 12경에 집에 돌아온다고 한다.
→ _____

그래서 요즈음은 좀처럼 만날 수 가 없다.
→ _____

친구는 술도 좋아하고, 노래도 잘 부른다.
→ _____

대학후배와 결혼했는데, 결혼생활도 원만하다고 말한다.
→ _____

요즈음은 만날 수 가 없어서 전화나 메일로 연락을 주고받고 있다.
→ _____

하지만, 본지 오래돼서 나는 친구가 보고싶다.
→ _____

앞으로도 계속 사이좋은 친구가 되고 싶다고 생각한다.
→ _____

내 취미

11. 다음 「내 취미」를 작문해 보시오.

제 취미는 테니스와 음악감상, 클래식기타입니다.
→ _____

테니스는 대학 때부터 쳤지만, 레슨을 받은 것은 2년 정도입니다.
→ _____

테니스는 치면 칠수록 어렵게 느껴지지만 매우 재미있습니다.
→ _____

운동량도 많아 1시간 정도 치면 땀을 흠뻑 흘릴 수가 있습니다.
→ _____

또, 테니스를 칠 때는 하루의 일과를 잠시나마 잊어버릴 수가 있어서 좋습니다.
→ _____

레슨을 좀더 받아 3년 이내에 소속 테니스회 대표선수가 되려고 합니다.
→ _____

나의 또 하나의 취미는 음악감상입니다.
→ _____

한가할 때뿐만 아니라, 공부할 때도, 잠잘 때도 음악을 듣습니다.
→ _____

심지어는 음악을 들으면서 밥을 먹을 때도 많습니다.
→ _____

음악 중에서도 클래식음악을 좋아합니다.
→ _____

중학교 때부터 지금까지 모아둔 음반만도 1000여장이 됩니다.
→ _____

가고 싶은 콘서트가 있으면 아무리 멀어도 반드시 갑니다.
→ _____

일전에는 서울에 있는 예술문화회관까지 갔다 왔습니다.
→ _____

클래식기타를 치는 것도 좋아해, 지금 열심히 배우고 있습니다.
→ _____

배우기 시작한 것은 얼마 안되지만, 재미있어서 계속해서 배우려고 합니다.
→ _____

기타소리는 너무나도 아름답습니다.
→ _____

더욱 열심히 연습해서 언젠가는 콘서트에서 연주하고 싶습니다.
→ _____

내 생일

12. 다음 「내 생일」을 작문해 보시오.

제 생일은 12월 25일 성탄절입니다.
→ _____

올해는 23번째로 맞이하는 생일이었습니다.
→ _____

저는 집에서 엄마와 함께 친구들을 맞이할 파티준비를 했습니다.
→ _____

친구들이 케이크를 사 가지고 와서, 초를 꽂고 불을 켰습니다.
→ _____

오후 6시부터 파티가 시작되었는데, 친구가 많이 와 주었습니다.
→ _____

친구들이 모두 「생일 축하해」라고 말하고, 생일노래를 불러주었습니다.
→ _____

노래가 끝난 다음, 촛불을 끄자 박수를 쳐 주었습니다.
→ _____

그리고, 가방이랑 향수랑 꽃 등 많은 선물을 주었습니다.
→ _____

그리고 나서, 노래도 부르고, 맥주도 마시고, 케이크도 맛있게 먹었습니다.
→ _____

지금까지의 생일 중에서 가장 즐거운 파티였습니다.
→ _____

저는 한번도 생일을 재미없게 보낸 적이 없습니다.
→ _____

아직 남자친구가 없어서 외롭지만, 후회한 적은 없습니다.
→ _____

파티는 집에서 한 적이 많지만, 레스토랑에서 한 적도 있습니다.
→ _____

초등학교 때에는 맥도널드에서 자주 했습니다.
→ _____

일본어 수업

13. 다음 「일본어 수업」을 작문해 보시오.

일본어 수업은 일주일에 15시간 있습니다.
→ _____

월요일은 일본어문법이 3시간, 고급일본어회화가 2시간입니다.
→ _____

문법수업은 지금 복합동사와 보조동사를 공부하고 있는데,
→ _____

용법이 다양하고 복잡해서 어렵게 느껴지지만,
→ _____

교수님이 그림이나 동작을 보여주고 설명해 가기 때문에 매우 재미있습니다.
→ _____

회화수업은 일본인 여선생님이 가르쳐줍니다.
→ _____

선생님은 우리들에게 매주 짧은 회화를 암기시키고 역할연습을 시킵니다.
→ _____

그 후, 그룹으로 나뉘어 얘기합니다.
→ _____

또, 테이프를 듣기도 하고, 비디오를 보기도 하지만,
→ _____

수업 중에는 선생님도 학생들도 일본어밖에 사용할 수 없습니다.
→ _____

나는 일본어로 말하는 것을 좋아하므로 회화시간이 가장 재미있습니다.
→ _____

화요일에는 일본어작문이 있는데, 교수님이 체계적으로 가르쳐 줍니다.
→ _____

먼저 전형적인 문형을 제시해주고, 우리들은 제시된 문형을 사용해 연습합니다.
→ _____

작문할 때에는 사전을 찾게 되므로, 신출어휘를 많이 알게 됩니다.
→ _____

수요일에는 일본사정과 일본어학개론이 있습니다.
→ _____

사정수업은 일본에 관한 모든 것을 많이 알게 되므로 흥미진진합니다.
→ _____

정치·경제·사회·문화·스포츠·영화·생활습관·의식주등을 공부해,
→ _____

일본인과 일본문화를 많이 알게 됩니다.
→ _____

어학개론은 음성과 음운, 문자와 표기, 어휘와 의미, 일본어사 등을 공부합니다.
→ _____

내용은 매우 많지만, 교수님이 열심히 가르쳐 주십니다.
→ _____

목요일은 문학개론수업이 있습니다.
→ _____

이 수업은 일본문학을 전체적으로 공부하고 있는데,
→ _____

알아야 할 내용이 너무 많아 힘이 듭니다.
→ _____

하루 일과

14. 다음 「하루 일과」를 작문해 보시오.

아침 7시에 일어나, 세수하고, 이를 닦고, TV뉴스를 보면서,
→ _____

아침을 먹었다.
→ _____

오늘 수업은 10시부터 시작하므로, 여느 때보다 늦게 집을 나왔다.
→ _____

집에서부터 역까지 버스로 약 10분 정도 걸렸다.
→ _____

역에서 학교까지는 보통 40분 정도 걸리는데, 오늘은 30분 걸렸다.
→ _____

강의실에는 9시 50분 경에 도착했다.
→ _____

오전 수업이 끝나고, 선배들과 함께 점심을 먹었다.
→ _____

그리고 오후는 수업을 두 과목 들었다.
→ _____

수업이 끝난 후에 리포트를 쓰기 위해 도서관에 갔다.
→ _____

저녁 8시부터는 대학 근처의 레스토랑에서 아르바이트가 있어서,
→ _____

간단하게 저녁을 먹었다.
→ _____

오늘은 손님이 너무 많이 와서 매우 바빴다.
→ _____

아르바이트가 끝난 것은 11시경이고, 집에 돌아 온 것은 12시경이었다.
→ _____

집에 와서 목욕하고 공부하고 잔 것은 1시 30분 경이었다.
→ _____

식생활

15. 다음 「식생활」을 작문해 보시오.

저는 아침을 먹을 때도 있지만 먹지 않을 때도 있습니다.
→ _____

시간이 있을 때는 빵을 구워 쨈을 발라먹지만,
→ _____

바쁠 때에는 커피한잔이나 우유 한잔만 마시고 학교에 갑니다.
→ _____

점심은 학교식당에서 친구들과 얘기하며 먹습니다.
→ _____

식당음식은 그다지 맛은 없지만, 내가 만든 요리보다는 맛있습니다.
→ _____

가끔은 내가 잘 가는 학교근처의 레스토랑에서 식사를 할 때도 있습니다.
→ _____

레스토랑에서는 돈까스를 즐겨 먹습니다. 양도 많고 매우 맛있습니다.
→ _____

식사 후에는 커피도 디저트로 나옵니다.
→ _____

뿐만 아니라 분위기도 좋아 마음에 듭니다.
→ _____

저녁은 만들어 먹습니다.
→ _____

고향에서 엄마가 보내준 기본 반찬에다 찌개를 만들어 먹습니다.
→ _____

김치찌개를 특히 좋아해, 먹어본 친구들은 매우 맛있답니다.
→ _____

저는 중국요리도 일본요리도 좋아하고 한정식도 좋아합니다.
→ _____

일본요리 중에서는 초밥・스끼야끼・샤브샤브・나베 등을 좋아합니다.
→ _____

저는 그다지 간식은 먹지 않지만,
→ _____

밤늦게까지 공부할 때는 라면을 끓여 먹습니다.
→ _____

라면을 너무 많이 먹은 탓인지 요즈음은 조금 살이 쪘습니다.
→ _____

스포츠

16. 다음 「스포츠」를 작문해 보시오.

저는 스포츠를 직접 하는 것도 좋아하지만,
→ _____

경기를 보러 가는 것도 좋아합니다.
→ _____

특히 테니스와 탁구를 잘 칩니다.
→ _____

수영도 자유형·배형·평형·접형 모두 할 수 있습니다.
→ _____

여름에는 수영을 즐기지만, 봄가을에는 테니스를 많이 칩니다.
→ _____

겨울에는 마라톤을 즐깁니다.
→ _____

땀이 흠뻑 날 때까지 계속해서 달립니다.
→ _____

지금은 한번에 5km 정도 달리고 있지만, 점차 늘려 나갈 생각입니다.
→ _____

언젠가는 마라톤 풀 코스에도 도전하고 싶습니다.
→ _____

친구 말에 의하면 배드민턴도 무척 재미있다고 합니다.
→ _____

운동량도 많아서 1시간정도 네트에서 플레이하면 지친다고 합니다.
→ _____

시간이 되면 친구따라 한번 코트에 나가 볼 생각입니다.
→ _____

또, 어떤 친구한테 듣기로는 볼링도 재미있답니다.
→ _____

그러나 볼링은 손쉽게 할 수 없어서 매력을 느끼지 못 합니다.
→ _____

일본의 계절

17. 다음 「일본의 계절」을 작문해 보시오.

일본도 한국처럼 봄·여름·가을·겨울 4개의 계절로 나뉘어져 있다.
→ _____

봄은 따뜻하고, 여름은 무더우며, 가을은 시원하고, 겨울은 춥다.
→ _____

그러나 1년 통해서 볼 때, 한국보다 그렇게 춥지도 덥지도 않다.
→ _____

물론 태평양쪽(表日本)과 일본해쪽(裏日本)은 기후의 차가 크다.
→ _____

表日本은 여름에는 습기가 많고 매우 더워서, 에어컨 없이는 생활하기 어렵다.
→ _____

반면에 겨울에는 습기도 적고 눈도 오지 않고 따뜻해서 지내기 좋다.
→ _____

裏日本은 여름에는 습기도 적고 그다지 덥지도 않아서 지내기 좋지만,
→ _____

겨울에는 눈이 많이 내려 눈과의 전쟁을 치러야 한다.
→ _____

눈이 많이 내리는 지역에서는 4~5미터나 쌓이는 일이 있다고 한다.
→ _____

北海道를 제외한 각지는 6월 상순부터 7월 중순까지가 장마시즌이 된다.
→ _____

8월부터 10월에 걸쳐 일본열도의 남서부지방은 태풍의 영향을 많이 받는다.
→ _____

京都같은 분지는 강우량은 적지만, 기온 차가 커서 여름은 덥고 겨울은 춥다.
→ _____

일본 대부분 지방에서 가장 좋은 계절은 봄과 가을이다.
→ _____

벚꽃이 피는 4월경과 단풍이 아름다운 10월경은 해외에서 많은 관광객이 온다.
→ _____

고교생활

18. 다음 「고교생활」을 작문해 보시오.

고등학교 때 나는 매일아침 6시30분 경에 집을 나왔다.
→ _____

집에서 버스정류장까지는 15분, 버스로 학교까지는 1시간 정도 걸렸다.
→ _____

만원버스에 시달려, 학교에 도착하면 힘이 빠져 공부하는데 어려웠다.
→ _____

그러나 한번도 지각하거나 결석한 적은 없었다.
→ _____

성실했지만, 때로는 친구들과 교칙에 금지되어 있는 노래방과
→ _____

성인영화를 보러 간 적도 있고, 술도 마셔보고 담배도 피워 보았다.
→ _____

가슴은 두근거렸지만 웬지 스릴이 있어서, 좋은 추억으로 남아 있는 것 같다.
→ _____

나는 3년 동안 계속해서 운동부였다.
→ _____

운동할 때는 힘들고 괴로웠지만, 인내심과 협동심을 배웠고,
→ _____

친구들을 많이 사귀었다.
→ _____

또, 선배소개로 예쁜 여학생을 만나,
→ _____

작가와 작품을 논하고, 장래를 얘기하기도 했다.
→ _____

내 고향

19. 다음 「내 고향」을 작문하시오.

제 고향은 김해입니다.
→ _____

김해는 부산과 창원사이에 있는 도시입니다.
→ _____

예전부터 역사가 깊고, 평야가 넓어서 교과서에도 많이 등장합니다.
→ _____

또, 바다가 가깝고, 교통이 좋아서 생활하기 편리합니다.
→ _____

김해에는 김해국립박물관과 인제대학이 있습니다.
→ _____

박물관 안에는 伽倻시대의 각종 유물들이 전시되어 있어,
→ _____

역사공부는 물론 우리문화의 優秀性을 알고 이해하는데 도움이 됩니다.
→ _____

그리고 인제대학은 캠퍼스가 매우 깨끗하고 우수한 학생들이 다니고 있습니다.
→ _____

저는 자주 친구들과 함께 놀러 갑니다.
→ _____

内外洞신도시에는 공원이 많이 있습니다.
→ _____

특히 蓮池공원은 아름다운 호수와 크고 작은 나무, 그리고 잔디밭과 각종 놀이
→ _____

시설들이 잘 갖추어져 있어, 시민들에게 많은 사랑을 받고 있습니다.
→ _____

2005년에는 부산과 김해를 오가는 軽電鉄이 달리게 됩니다.
→ _____

그렇게 되면 교통이 더 편리해져, 더욱더 살기 좋아집니다.
→ _____

해수욕장

20. 다음 「해수욕장」을 작문해 보시오.

지난주 토요일, 가족과 함께 해수욕장에 갔다.
→ _____

아침 일찍 일어나, 세수하고 옷 입고,
→ _____

간단히 빵과 우유를 먹은 다음 차를 타고 출발했다.
→ _____

일기예보에서는 흐린 뒤 맑겠다고 했는데, 화창한 날씨였다.
→ _____

딸아이는 기분이 좋아서,
→ _____

바다에 도착할 때까지 뒷좌석에서 음악소리에 맞춰 춤을 추었다.
→ _____

2시간 정도 걸려 도착한 해수욕장은 많은 사람들로 붐볐다.
→ _____

우리가족도 곧바로 수영복으로 갈아입고, 해수욕을 즐겼다.
→ _____

1시간 반 가량 놀고 난 후, 김밥을 사다가 커피와 함께 먹었다.
→ _____

딸아이는 피자가 먹고 싶다고 하여, 가까운 가게에 가서 사다 주었다.
→ _____

점심을 먹고 난 후, 딸아이가 배가 아프다고 해, 소화제를 먹였는데
→ _____

여전히 속이 안 좋다고 했다.
→ _____

우리는 1시간 정도 해수욕을 즐긴 후,
→ _____

샤워를 한 다음 옷을 갈아입고 조금 일찍 서둘러 집으로 돌아왔다.
→ _____

짐을 정리한 후, 딸아이를 데리고 소아과에 가서 진찰을 받았다.
→

의사는 딸아이가 가벼운 식중독증상으로,
→

약을 먹으면 날 테니 걱정하지 말라고 했다.
→

나도 배가 아픈걸 보면, 아마도 김밥에 문제가 있었던 것 같다.
→

결혼관

21. 다음 「결혼관」을 작문해 보시오.

저는 빨리 결혼하고 싶습니다.
→ _____

대학 졸업 후 취직하면 곧바로 결혼하고 싶습니다.
→ _____

사람들은 일반적으로 직장이 안정된 후에 결혼을 합니다.
→ _____

그런데, 엄마는 일찍 결혼해서는 안 된다고 합니다.
→ _____

왜냐하면, 자신의 능력을 시험하고 도전하는데, 여러 가지 어려운 점이 많고,
→ _____

무엇보다도 평범한 생활에 만족해야 하기 때문이라고 합니다.
→ _____

그러나, 아빠는 빨리 결혼해도 좋다고 합니다.
→ _____

결혼해서 아이 2명 낳아, 행복하게 살기를 바라고 있습니다.
→ _____

저는 장남이므로 결혼하는데 어려움이 있습니다.
→ _____

여성들이 장남과의 결혼을 꺼리기 때문입니다.
→ _____

그래서 저는 결혼만큼은 중매결혼이 아닌 연애결혼을 하고 싶습니다.
→ _____

얼굴도 예쁘고, 마음씨도 착하고, 일하는 여성을 원합니다.
→ _____

대학생활

22. 다음 「대학생활」을 작문해 보시오.

대학 1학년 때는 그다지 공부하지 않았다.
→ _____

수업시간에도 집중하지 않고, 많은 것을 생각하고 고민했다.
→ _____

한편으로는 친구들과 술 마시고 노래하며 그렇게 1년을 보냈다.
→ _____

2학년 때는 학과공부 뿐만 아니라, 동아리에도 가입해 바쁘게 보냈다.
→ _____

2학년을 마친 후 휴학하고, 3년간 병역의무를 완수했다.
→ _____

제대하고 나서, 복학까지는 약10개월 정도 남아있었다.
→ _____

이 기간동안은 정말 열심히 공부했다.
→ _____

매일 아침 8시에 도서관에 나가, 밤 11시까지 공부하고 집에 돌아왔다.
→ _____

그동안 뒤떨어진 학과공부는 물론, 영어와 경영학관련 공부를 했다.
→ _____

이때는 또 도서관에서 자리잡아 주던 여대생과 열심히 연애도 했다.
→ _____

3학년에 복학해서는 학생회장도 맡아보았고, 연극 연출도 맡아보았다.
→ _____

이 시기는 나의 대학생활의 황금기였다.
→ _____

어렵고 힘든 일도 있었지만, 너무나도 바쁘고 유익한 나날이었다.
→ _____

4학년 때는 매일같이 도서관에서 살았다.
→ _____

취직준비도 했지만, 유학준비도 병행했다.
→ _____

대학 4년 동안, 정말 많은 것을 배우고 경험했다.
→ _____

학점은 좋지 않았지만, 나 자신의 능력과 소질을 개발할 수 있었다.
→ _____

또, 좋은 친구와 훌륭한 은사님을 만날 수가 있었다.
→ _____

장학금은 성적우수 장학생과 학생간부 장학생이 각각 두 번이었다.
→ _____

군대생활

23. 다음 「군대생활」을 작문해 보시오.

대학 2학년을 마치고 그 해 2월에 군에 입대했다.
→

30개월 동안의 군대생활은 훈련과 경계근무의 연속이었다.
→

낮에는 교육과 훈련을 받았고, 밤에는 추위와 싸웠다.
→

괴롭기도 했고, 힘들고 지루하기도 했지만,
→

군대생활은 나에게 많은 것을 가르쳐 주었다.
→

단체생활에 있어서 서로가 지켜야 할 일,
→

조직을 위해 개개인이 해야 할일, 협동과 단결의 중요성, 인내와 자신감등…
→

사회와 격리되어 생활하는 만큼, 처음에는 적응하느라 많이 고생했다.
→

한때는 담을 넘어 도망치고도 싶었고, 선배가 미워 죽이고도 싶었다.
→

그러나 점차 적응해 가면서, 나름대로 재미와 여유가 생겼다.
→

제대 1년을 남기고, 운전면허도 취득했고, 바둑도 이때 배웠다.
→

나는 군 생활동안 거의 빠짐없이 일기를 썼다.
→

지금도 그 일기를 읽어보면 그때의 나로 되돌아간다.
→

백화점 쇼핑

24. 다음 「백화점 쇼핑」을 작문해 보시오.

가까운 백화점에 필요한 물건을 사러 갔다.
→ _____

마침 세일기간이라 사람들이 많았다.
→ _____

우선 1층에 가서 겨울용 구두를 상품권으로 먼저 산 다음,
→ _____

에스컬레이터를 타고 4층으로 올라갔다.
→ _____

4층에는 남성복코너로 양복을 비롯해,
→ _____

와이셔츠, 바지, 잠바, 넥타이등이 진열되어 있었다.
→ _____

나는 값도 적당하고 디자인도 마음에 드는 와이셔츠2장과,
→ _____

검은색 바지를 샀다.
→ _____

그 후 6층에 있는 전기제품코너로 올라가 가전제품을 둘러보았다.
→ _____

TV, 냉장고, 세탁기, 청소기, 전기밥솥, 전화기, 에어컨, 휴대전화 등과
→ _____

각종 주방용품에 이르기까지 많은 제품들이 진열되어 있었다.
→ _____

나는 전기압력밥솥을 사려고 했는데, 돈이 모자라 살수 없었다.
→ _____

그래서, 지하로 내려가 식료품코너로 갔다.
→ _____

여기도 사람이 많았지만, 가족단위의 쇼핑객이 특히 많았다.
→ _____

나는 돼지고기와 버섯, 야채와 생선을 산 다음,
→ _____

나오려고 하는데, 뭔가 잊은 물건이 있는 것 같았다.
→ _____

잠시 쉴 겸, 벤치에 앉아 아이스크림을 먹고 있는데
→ _____

잊어버린 물건이 생각났다. 그것은 가방이었다.
→ _____

그래서 다시 되돌아가 사왔다.
→ _____

일요일

25. 다음 「일요일」을 작문해 보시오.

오늘은 오랜만에 쉬는 날이다.
→

그동안 바빠서 못했던 일들을 정리하기 위해 일찍 일어났다.
→

아침을 먹고 난 다음, 우선 옷장과 신발장 정리를 했다.
→

옷장 안에는 양말과 속옷이 여기저기 흩어져 있었다.
→

신발장은 1년 만에 정리하는 것이었다.
→

구두에 묻어있는 먼지와 흙을 닦아주고, 약도 발라주었다.
→

그 다음, 화장실과 욕실청소를 했다.
→

욕실에는 비누와 칫솔을 새것으로 바꾸어 놓았고,
→

화장실에는 휴지를 교체했다.
→

청소를 마치고 나니, 목이 말라 쥬스 한 잔을 마셨다.
→

잠시 쉰 다음, 청소기를 가지고 방 청소를 했다.
→

다 마치고 나니, 12시 30분이었다.
→

그래서, 오랜만에 카레를 만들어 먹고 설거지를 한 다음, 빨래를 했다.
→

빨래를 마치고 나니 오후 2시가 넘었다.
→

커피한잔을 마신 다음,
→ _____

비디오가게에 가서 요즈음 인기 있는 비디오를 빌려다 보았다.
→ _____

너무 재미있고 감동 받아 많이 울었다.
→ _____

내가 이렇게 울어본 것은 몇 년만인 것 같다.
→ _____

취미생활

26. 다음 「취미생활」을 작문해 보시오.

사람이 살아가는데 있어서 취미생활은 필요하다고 본다.
→ _____

일상생활에서 벗어나, 자기만의 시간을 갖기란 쉽지 않다.
→ _____

취미를 가지고, 그것을 활용할 줄 아는 사람은 생활에 활력소가 된다.
→ _____

취미생활은 음악, 그림, 등산, 바둑, 요리, 스포츠, 뜨개질, 분재, 독서,
→ _____

낚시, 드라이브, 서도, 다도, 꽃꽂이, 사진, 무선 등등 다양하다.
→ _____

나는 클래식음악을 감상하는 것을 좋아하지만,
→ _____

악기연주는 어느 하나 제대로 하는 것이 없다.
→ _____

그래서, 유명한 음악가의 연주회나 음악회가 있으면 가능한 꼭 가보고 싶다.
→ _____

우리주위에는 그림 그리기를 좋아하는 사람들이 많이 있다.
→ _____

내 아내는 수채화를 잘 그린다. 지금까지 그려놓은 작품이 30여 점이다.
→ _____

이중에는 수채화뿐만 아니라, 유화도 들어있다.
→ _____

언젠가는 화랑을 빌려, 개인전을 열고 싶다고 한다.
→ _____

내 동생은 독서와 등산을 좋아한다.
→ _____

책을 좋아해서 밤새워 책을 읽는 일도 많이 있다고 한다.
→ _____

소설이든 수필이든 시집이든 가리지 않고 읽는다고 한다.
→ _____

또, 시간이 나면 배낭을 짊어지고, 친구들과 산에 오른다고 한다.
→ _____

내 친구하나는 낚시를 매우 좋아해서, 틈만 생기면 낚시하러 간다.
→ _____

언제 어디서나 낚시 할 수 있도록 자동차 트렁크 안에 준비되어 있다.
→ _____

또 다른 친구는 아마추어 무선을 즐긴다.
→ _____

자격증도 따서, 전 세계의 여러 나라 사람들과 교신하고 있다.
→ _____

그 때문인지 영어뿐만이 아니라, 중국어와 일본어도 열심히 공부한다.
→ _____

건강

27. 다음 「건강」을 작문해 보시오.

아버지는 요즈음 신경통으로 고생하고 있다.
→ _____

젊었을 때, 너무 열심히 일한 것이 원인이라고 한다.
→ _____

고등학교 졸업 후 일하기 시작해서, 20년 동안은 산업현장에서,
→ _____

25년 동안은 경영자로서 계속해서 일했다.
→ _____

그동안에 병원에 입원해서 치료받은 것은 단 한번도 없었다고 한다.
→ _____

엄마도 예전에는 건강하셨다. 그래서 너무 바쁘고 힘들 때는 나도
→ _____

남들처럼 병원에 입원해서 한 달 정도 쉬고 싶다고 말한 적이 있다.
→ _____

말이 씨앗이 되었는지, 교통사고로 구급차에 실려와 15일 입원하셨고,
→ _____

퇴원 후 3달만에 심장병으로 입원해서 큰 수술을 받았다.
→ _____

그 후 5년이 지난 후에, 이번에는 고혈압과 당뇨병으로 지금까지
→ _____

계속해서 통원치료를 받으며 약을 먹고 있다.
→ _____

나는 초등학교 운동회 때 왼팔을 골절 당한 적이 있고,
→ _____

중학교 때 자전거에서 넘어져 오른쪽 다리를 꿰맨 적이 있다.
→ _____

물론 감기는 수없이 많이 걸렸다.
→ _____

몇 일전에도 열이 나고 기침하고 콧물이 나와서 병원에 갔는데,
→ _____

혈압과 맥박은 정상이었다.
→ _____

사람은 누구나 병에 걸릴 수 있다.
→ _____

그러나 언제까지나 건강하다고 믿는다.
→ _____

그래서, 한번 병에 걸려보지 않으면 건강이 얼마나 소중한지 모른다.
→ _____

무엇보다도 건강은 건강할 때 지키는 것이 중요하다는 것을
→ _____

사람들은 뒤늦게 알게 된다.
→ _____

요즈음은 일찍부터 건강을 생각하는 사람도 있다.
→ _____

각종 기구들로 건강을 체크하고, 공기 좋은 곳과 물 좋은 곳을 골라
→ _____

도심에서 멀리 떨어진 교외로 이사하는 사람들도 있다.
→ _____

일본의 술 문화

28. 다음 「일본의 술 문화」를 작문해 보시오.

한국과 일본은 가까운 나라이지만, 술 문화에 있어서 많은 차이가 있다.
→ _____

먼저, 일본의 술을 살펴보면, 대중적인 술은 청주라 할 수 있다.
→ _____

물론 맥주도 많은 사람들이 맛을 즐기며 마신다.
→ _____

일이 끝난 후에, 운동한 후에, 목욕 후에, 식사 전에 가볍게 한잔 마시는
→ _____

차가운 맥주 맛은 일본인들에게 작은 행복을 가져다준다.
→ _____

또, 위스키나 소주도 일부 사람들은 즐겨 마신다.
→ _____

그러나 한국의 소주처럼, 일본에 있어서 가장 서민적이며
→ _____

누구나 사랑하고 있는 일본의 대표적인 술은 청주이다.
→ _____

청주 잔은 매우 작고 귀여우며, 겨울에는 따뜻하게 해서 마신다.
→ _____

다음으로, 술 문화와 예의범절에 대해 살펴보자.
→ _____

일본은 술을 마실 때, 술잔을 한번에 비우지 않고, 이야기를 나누면서
→ _____

조금씩 맛을 음미해가며 술을 마신다. 그래서 첨 잔이 일반적이다.
→ _____

우리의 술 문화는 술잔을 깨끗하게 비우고 난 후 받는 것이 예의이다.
→ _____

이렇게 술잔을 받으면 곧바로 깨끗하게 비우니까,
→ _____

일본인과 술을 마시면 한국인이 술을 잘 마시는 것처럼 보인다.
→ _____

또, 손위 사람이나 상사에게 술을 따를 때도,
→ _____

우리나라와는 다르게 언제 어디서나 한 손으로 따른다.
→ _____

학생이 선생님에게 술을 따를 때도,
→ _____

아들이 아버지에게 술을 따를 때도, 후배가 선배에게 술을 따를 때도,
→ _____

부하직원이 상사에게 술을 따를 때도 마찬가지이다.
→ _____

이러한 문화를 처음 접해보면, 한국인은 일본인이 예의가 없는 것처럼
→ _____

보일 것이고, 일본인은 한국인이 예의 바르게 보일 것이다.
→ _____

그러나 이러한 술 문화는 어디까지나 양국의 소중한 문화로 보아야 한다.
→ _____

가족여행

29. 다음 「가족여행」을 작문해 보시오.

누나는 요즈음 신부수업으로 바쁘다.
→ _____

누나는 외동딸인 관계로 아빠한테 많은 사랑을 받았다.
→ _____

원래, 마음이 착하고 순수하며 가족에 대한 배려도 많았다.
→ _____

학교에 다닐 때도 늘 성적이 좋아 장학금을 받으며 다녔다.
→ _____

대학을 졸업한 후에도 곧바로 취업해,
→ _____

형과 내가 대학에 다닐 때 많은 도움을 주었다.
→ _____

한때는 아빠 일이 어려움을 겪기도 했지만,
→ _____

이때도 누나의 도움이 컸다. 그래서, 우리가족 모두는 누나를 좋아한다.
→ _____

아빠와 엄마는 누나가 결혼하기 3개월 전에 가족여행을 제안했다.
→ _____

형과 나는 좋은 생각이라고 환영했다.
→ _____

누나의 스케줄에 맞추어 가족모두 여행을 떠나기로 했다.
→ _____

장소는 제주도로 3박4일 일정으로 정했다.
→ _____

비행기를 타고 제주도에 내린 다음, 렌터카를 빌려 해안선을 따라
→ _____

천천히 여행지도를 보면서 많은 이야기를 나누며 여행을 즐겼다.
→ _____

운전은 아빠와 형이 교대로 하고, 회계는 엄마가 담당했다.
→ _____

우리들은 유명한 관광명소도 둘러보고, 가다가 배고프면 맛있는 음식도 사먹고,
→ _____

해수욕장에서 해수욕도 즐겼다.
→ _____

전통음식도 먹어보고, 회도 먹어보고, 유람선도 타보았다.
→ _____

여기저기를 가보아도 제주도는 신혼여행 온 신혼부부들로 가득했다.
→ _____

행복하게 보이는 신혼부부 못지 않게, 우리들도 행복했다.
→ _____

또한, 행복했던 순간들을 비디오와 카메라에 담았다.
→ _____

비디오와 카메라에 담긴 영상과 사진들은 우리가족을 영원히 하나로
→ _____

이어주는 좋은 추억이 되었다.
→ _____

지금도 우리 집 거실에는 제주도에서 찍은 사진이 크게 걸려 있다.
→ _____

이 사진은 우리가족 모두에게 있어서 영원히 기록되는 추억의 사진이다.
→ _____

일본인의 결혼관

30. 다음 「일본인의 결혼관」을 작문해 보시오.

다른 선진국가에 비해서 일본인의 결혼비율은 높은 편이다.
→ _____

이것은 「결혼하는 것은 당연하다」는 관념이 강한 탓도 있지만,
→ _____

일본사회에 있어서는 기혼자인가 미혼자인가로 사회적 신용도가
→ _____

크게 다르기 때문이다. 예를 들어 은행에서 돈을 빌릴 때나,
→ _____

취직이나 승진 등에서도 미혼인지 기혼인지를 묻는 일이 많이 있다.
→ _____

이것은 가족의식이 강한 모든 아시아국가에서 볼 수 있는 특징적인 것이다.
→ _____

최근에는 늦게 결혼하는 경향도 있어서,
→ _____

평생 독신주의도 예전보다는 특이 한 것이 아니게 되었지만,
→ _____

그래도 기혼자에 비하면 미혼자는 사회적으로
→ _____

불이익을 당하는 경우가 많다고 말할 수 있다.
→ _____

결혼에는 중매결혼과 연애결혼이 있다.
→ _____

이제까지 중매결혼은 결혼에 늦은 사람들이 상대를 찾기 위해
→ _____

하는 것이라고 생각되어져,
→ _____

한때 연애를 동경하는 젊은 여성에 의해 중매 결혼은 기피하는 시기도 있었다.
→ _____

그렇지만, 최근에 젊은 여성은, 상대남성의 안정된 조건을
→ _____

바탕으로 연애를 즐기면 좋다라고 하는 풍조도 있어서,
→ _____

중매결혼을 희망하는 여성도 늘고 있다.
→ _____

남성 쪽은 현실적인 여성과 달라서,
→ _____

한결같이 연애결혼을 희망하는 경향이 지금까지도 강한 것 같다.
→ _____

일본인의 음식문화

31. 다음 「일본의 음식문화」를 작문해 보시오.

일본인의 주식은 동양인이 그렇듯이 쌀이다.
→

조식은 주식의 쌀을 중심으로, 생선구이, 김, 매실장아찌, 된장국,
→

야채절이 등으로 간단하게 해결한다.
→

된장국과 야채절이는 식사에는 반드시 빼놓을 수 없는 것이다.
→

된장국의 재료는 집집마다 다르지만,
→

일반적으로는 미역·두부·조개 등을 넣는다.
→

야채절이에는 무로 만든 단무지 외에, 오이랑 가지를 쌀겨에 절인 것도 있지만,
→

최근 젊은 여성은 쌀겨냄새 때문에 싫어한다.
→

매실장아찌는 매우 시기 때문에 특히 외국인에게는 꺼리는 음식이다.
→

또 요리의 조미는 한결같이 간장과 설탕이 주원료이다.
→

「곤란했을 때 간장」이라고 해도 좋을 정도로 간장은 집에 없어서는 안 된다.
→

일본인은 어렸을 때부터 이러한 간장에 친숙해져 있어서,
→

특히 간장은 해외여행 갈 때에도 필수 휴대품이다.
→

일본요리는 간장이외에도 설탕이 거의 들어가기 때문에,
→

일본음식은 좀 달다. 이 때문에 예쁜 이를 가진 일본인은 많지 않다.
→ _____

음식문화와 치아는 밀접한 관계에 있는 것이 사실이다.
→ _____

일본요리에 간장과 설탕을 빼놓을 수 없다면,
→ _____

한국요리에는 마늘과 고춧가루를 빼놓고는 얘기가 안 된다.
→ _____

한국의 공항에서는 마늘과 김치 냄새가 난다고 자주 듣고있지만,
→ _____

일본의 공항이나 전차 안에서는 간장 냄새가 난다고 할 수 있다.
→ _____

물론 그 냄새는 일본인은 알아채지 못한다.
→ _____

연습해답

第1章 1. 断定表現

1-1. 연습

1) 私は二十一歳です。
2) 私はキリスト教です。
3) この水は地下水です。
4) 彼は軍人です。
5) 会議は午後3時です。
6) あの建物は図書館です。
7) これは友達の本です。
8) 食料品は地下一階です。
9) あの方は日本語の先生です。
10) それは私の帽子だ。
11) ここは国立公園である。
12) こちらは私の友達だ。
13) 故郷は釜山である。
14) 彼女はロシア人である。
15) 私の誕生日は3月30日だ。
16) 電話番号の案内は１１４である。
17) 休日は土曜日と日曜日である。
18) 出張は来週の月曜日から五日間だ。
19) 彼女はかわいいです。
20) 私の娘は背が低い。
21) 学校は家から遠い。
22) 彼らは仲が悪い。
23) この服は軽くて暖かいです。
24) 日本語の勉強はとてもおもしろいです。
25) 彼女は歌が上手だ。
26) ここは交通が不便だ。
27) 姉の部屋はとてもきれいだ。
28) 先生はとても元気です。
29) この酒屋はいつも静かだ。
30) 友人はスポーツが大好きだ。
31) その方は本当に真面目だ。
32) 私はクラシック（音楽）が好きだ。
33) 彼女はいつも親切だ。

1-2. 연습

1) 私の故郷は釜山ではありません。清州です。
2) 私は長男ではありません。次男です。
3) この指輪は本物ではありません。偽者です。
4) この人は母親ではありません。叔母です。
5) それは靴ではありません。サンダルです。
6) それは私の帽子ではない。友達の帽子だ。
7) 宗教は仏教ではない。キリスト教である。
8) 彼はフランス人ではない。イギリス人だ。
9) 趣味はテニスではない。サッカーである。
10) これは日本製ではない。中国製である。
11) この車は高くないです。
12) 煙草は体によくない。
13) あのレストランはおいしくなかった。
14) この頃は忙しくない。
15) 漢字の勉強はおもしろくないです。
16) 今は寒くも暑くもありません。
17) 彼女は友達でも恋人でもありません。
18) これはスカートでもズボンでもありません。
19) この料理は塩辛くも辛くもありません。
20) あの方は中国人でも日本人でもありません。
21) 彼女は背が高くも可愛くもありません。
22) 資料は多くも少なくもありません。

1-3. 연습

1) トイレはどこですか？
2) 明日は休みですか？
3) 故郷はどちらですか？
4) 彼は親切ですか？
5) お誕生日はいつですか？
6) 彼女はあなたの恋人ですか？
7) 妹さんは高校生ですか？
8) 中国語の先生はどなたですか？
9) トマトは野菜ですか、果物ですか？
10) 彼は友達ではありませんか。

11) お父さんは公務員ではありませんか。
12) それは英語の辞書じゃありませんか。
13) 金海は釜山ではありませんか。
14) これは日本製じゃありませんか。
15) あの人は男の人じゃありませんか。
16) 彼は背が高いですか。
17) 韓国の梅雨は長いの？
18) 日本料理は甘い？
19) 学校は家から近いの？
20) あの店は高いです？
21) 部屋は広いですか狭いですか？
22) 彼女はかわいくない？
23) 日本人の家は狭くないですか。
24) その服は高くないですか。
25) 頭が痛くない？
26) 試験は難しくない？
27) 8月は暑くないですか。

2. 関係表現연습

1) 広島は私の故郷です。
2) その方は先生の奥さんです。
3) 兄は両親の希望です。
4) 独島は韓国の領土です。
5) 明日は私の誕生日です。
6) あの絵は妻の作品です。
7) 彼女は私の妹です。
8) 私の大学は私立学校です。
9) 日本の物価は高いです。
10) 彼女のご主人は年下です。
11) 日本の代表的な料理は寿司です。
12) 中国語の発音は難しいです。
13) 会社の電話番号はサンロクキュウのヨンハチナナゴです。
14) 私の女房は美人です。

3. 所在・存在表現연습

1) 家族はみんな釜山にいます。
2) 両親は故郷にいます。
3) 先生は研究室にいます。
4) 海は川の向う側にあります。
5) 書類は二番目の引き出しの中にあります。
6) ビールは冷蔵庫の中にあります。
7) その本は三段目の本棚にあります。
8) 駐車場にパトカーがあります。
9) 駅の前にホテルがあります。
10) 車の中に人がいます。
11) 学校の中に郵便局があります。
12) 池の中に魚がいます。
13) 庭に犬と猫がいます。
14) 壁の真ん中に家族の写真があります。
15) バス停の隣に自動販売機がある。
16) 彼の周りには友達が一人もいない。
17) 私の部屋には押入れが付いています。
18) 入場は無料であるが、条件が付いている。
19) 子供の部屋にタンスが付いています。
20) 風呂にシャワー機が付いています。
21) 全てのサルに名前が付いている。
22) 事務室には電話とファックスが付いている。
23) 優勝者に賞金と商品が付いている。
24) 台所には食器乾燥機と戸棚が付いている。

4. 主題・総主表現연습

1) あの人は奥さんがいます。
2) 弟は子供が二人います。
3) 父親は兄弟が四人います。
4) 私は午後約束があります。
5) 社員は男性が五名、女性が八名います。
6) 学生は高校生が六名、中学生が七名います。

7) 友達はアメリカ人が二人、ロシア人が三人います。
8) 漢字は文字が複雑だ。
9) 彼女は髪の毛が短いです。
10) アニメーションは日本が有名だ。
11) 私の弟は背が高いです。
12) 中国料理は量が多い。
13) 犯人は背が高くて美男である。
14) 蛇は体が長く、兎は耳が大きい。
15) 象は鼻が長く、キリンは首が長い。
16) 友達の死はストレスが原因だった。
17) 父親は今家にいません。
18) 彼女は両親がいません。
19) 財布の中にはお金がない。
20) 火星には生命体がいません。
21) 水族館には大きな魚がいません。
22) 彼女の心の中には私がいません。
23) 釜山にはスキー場がありません。
24) 子供が立ったり座ったりします。
25) 父親は庭を行ったり来たりしている。
26) 南部地方は晴れたり曇ったりです。
27) 学会は参加したりしなかったりします。
28) あの店はいつも人が出たり入ったりです。
29) 公園では運動したり散歩したりです。
30) 学生は大きな声で笑ったり話したりします。
31) 暇な時は本を読んだり音楽を聞いたりします。
32) 図書館では新聞を読んだり本を借りたりします。

5. 比較・対比表現연습

1) 家内は私よりお酒をよく飲む。
2) 週末は平日よりずっと高い。
3) 私はコーラよりサイダーが好きだ。
4) 韓国料理は日本料理より辛いです。
5) ビールはウイスキーより飲みやすいです。
6) 福岡は飛行機より船が便利です。
7) 彼女は私より気が早いです。
8) 豚肉が牛肉より安いです。
9) 地下鉄がバスより早いです。
10) 博士課程が修士課程より難しいです。
11) 文法は日本語が韓国語より複雑です。
12) 彼は勉強する時間より遊ぶ時間が多いです。
13) 彼女は寝ている時間が起きている時間より長いです。
14) ローマはロンドンほど寒くないです。
15) 私は彼女ほど英語がうまくない。
16) 日本語の発音は中国語ほど難しくない。
17) 韓国産の自動車は日本産の車ほど高くない。
18) 大阪は東京ほど人口が多くないです。
29) 左側の部屋は右側の部屋ほど広くないです。
20) これはあれほど重たくないです。
21) あの人は目が悪いが、耳はいい。
22) 喉は渇いたが、お腹は空いていない。
23) 象は鼻が長いが、しっぽは短いです。
24) 日本は人口が多いが、土地は狭いです。
25) あの店は値段が安いが、品物はよくない。
26) この公園は木が多いが、運動施設は足りないです。
27) 私はピアノが弾けるが、ギターは弾けない。
28) この新製品は値段が高いが、便利な機能は多い。
29) 私の友達の中では公務員が最も多い。
30) 日本では富士山が最も高い。
31) 肉類の中では牛肉を一番よく食べる。
32) 果物の中ではリンゴが一番好きだ。
33) 胃癌の分野では彼が一番有名だ。
34) 日本料理の中では寿司が一番好きだ。
35) 私の学校では英語を教える先生が最も多い。

6. 動表現연습

1) 私は友達に約束をしました。
2) 父親は時々母親と討論します。
3) 毎朝友達とテニスをやります。
4) 娘は今日友達とけんかしました。
5) 私は毎日彼女に電話をかけます。
6) 昨日彼女と映画を見ました。
7) 友達は毎週土曜日恋人と会います。
8) 先生は学生に英語で質問します。
9) 明日現場へ実習に行きます。
10) 私は今友達の家へ遊びに行きます。
11) 彼女と文化会館へ演劇を見に行きます。
12) 妻とコンサートへ音楽を聞きに行きます。
13) 家族と一緒にカラオケへ歌を歌いに行きます。
14) 来月日本へ技術を習いに行きます。
15) 彼はアメリカから韓国語を勉強しに来ました。
16) 歯を磨いて、顔を洗います。
17) 新聞を読んでから、散歩をした。
18) 本を読んでから、料理を作ります。
19) 電話してから、友達の家に行きました。
20) 掃除をしてから、洗濯をします。
21) 準備運動をしてから、テニスをやります。
22) いつもお酒を飲んでから、ご飯を食べます。
23) ご飯を食べながら新聞を見る。
24) テレビを見ながら料理を作る。
25) 煙草を吸いながら論文を書く。
26) 友達と話をしながらお酒を飲む。
27) 辞書を引きながら手紙を書く。
28) 音楽を聞きながらコーヒーを飲みます。
29) ビールを飲みながら映画を見た。
30) 彼はスイカだ。
31) ウイスキーはあちらだ。
32) 私は安いものにする。
33) 彼女はアイスクリームだ。
34) 私は東京大学にする。

7. 比喩表現연습

1) 仕事が山のようにたくさんある。
2) 手が氷のように冷たい。
3) オウムが人のようにしゃべる。
4) 山が絵のように変わっていきます。
5) 彼女は男のように髪の毛が短い。
6) この頃は一日が一年のように感じられる。
7) 彼女は人形のように肌が白いです。
8) ロボットが人のように動く。
9) 彼女は子供のような顔をしている。
10) その男は女子のような声を出します。
11) 友人は猿のような真似をよくします。
12) 犯人はきつねのような目をしています。
13) 課長はいつも鬼のような表情をしている。
14) あの島は牛が横になっているような形をしている。

8. 可能表現연습

1) 発表は日本語で話すことができる。
2) 先生はお酒を飲むことができません。
3) お金がなくてどこへも行くことができない。
4) 図書館でビデオを借りることができます。
5) ここは芝に入ることができません。
6) 彼女は見ることも聞くこともできません。
7) 地下鉄の中では煙草を吸うことができません。
8) 私の初恋の思い出は忘れることができません。
9) アルバイトのおかげでいろいろな料理や言葉を覚えることができた。
10) 父親はコンピューターが使えない。
11) 明日朝早く来られます。
12) 二日かけてようやくレポートが書けた。
13) 国際会議では日本語で話せない。
14) 彼女は外国語を三つ以上話せる。

15) この食堂では安くて美味しいものが食べられる。
16) この製品はどこでも買えると思います。
17) 大学の中の銀行でも日本の円で換えられる。
18) 今プールが工事中なので泳げません。
19) 私はスキーができる。
20) 母親はコンピューター通信ができます。
21) 彼女は水泳ができます。
22) この程度の距離は通学ができます。
23) 彼は日本語と中国語ができる。
24) 昨日はとても忙しくて運動ができなかった。
25) ドームでは雨の日でも野球ができる。
26) この分野だけは共同で研究ができません。
27) 日本の新聞が読めるようになった。
28) 漢字が上手に書けるようになった。
29) 朝早く起きられるようになりました。
30) 学校の前に車が止められるようになった。
31) 大学まで電車で来られるようになった。
32) 一週間練習して自転車に乗れるようになった。
33) 妻は英語で電話が掛けられるようになった。

9. 希望・願望表現연습

1) 私は早く結婚したかった。
2) 冷たいビールが飲みたい。
3) 今、何も食べたくない。
4) 家族に何か買って帰りたいです。
5) 私は誰にも会いたくなかった。
6) 今度の夏休みの時、海に行きたいです。
7) 中学校の時、私は先生になりたかった。
8) 私は今家へ帰りたくないです。
9) コピーしたいですが、使い方が分かりません。
10) 私は休みがほしかった。
11) 私は秋のスーツがほしい。
12) 結婚して生活する家がほしかった。
13) 私は新しい携帯電話がほしい。
14) テニスのラケットがほしいです。
15) 今何が一番ほしいですか。
16) ピアノを買うお金がほしいです。
17) フランスについて教えてほしい。
18) 彼女にもっとやさしくしてほしいです。
19) 友達に本を早く返してもらいたい。
20) 仕事を辞めていただきたいのですが。
21) 長電話は出来れば止めてもらいたいです。
22) 早く妻に会えればいいなあ。
23) 誰か宿題をやってくれないかなあ。
24) 友人が来てくれればいいなあ。
25) 早く終われないものか。
26) 今度こそ、実験が成功すれればいいなあ。
27) 彼女と別れることが出来ないものか。
28) 彼女は早く結婚したがっている。
29) 彼は今さびしがっている。
30) 先生は悲しがっています。
31) 妻が旅行に行きたがっています。
32) 子供は甘いものを食べたがっている。
33) 友達は絵を習いたがっている。
34) 彼女は新しいハンドバッグをほしがっている。
35) 妹は日本へ行きたいと言っている。
36) 友達はお金をほしがっている。
37) 彼は野球選手になりたいと言っている。
38) 彼女は早く卒業したいと言っている。
39) 人々はどんな物をほしがっていますか。
40) 姉の子供が人形をほしがっている。
41) 子供達がほしがっているのはどんなものですか。
42) 友人は彼女がほしいのだ。
43) 父親は叔母が見たいそうだ。
44) 彼女はデジタルカメラがほしいだろう。
45) 日本の小説の本を読みたいらしい。
46) 彼は日本語弁論大会に出たいらしい。

10. 禁止表現연습

1) 危険な所では遊んではいけません。
2) 教室でお酒を飲んではいけません。
3) 未成年者に煙草を売ってはいけない。
4) 同僚に暴力を振るってはいけません。
5) 他の人が見ているから、ここへ入ってはいけません。
6) 明日健康の検診があるから、夜9時以後食べてはいけない。
7) 警察が来る前に、誰もここへ入ってはならない。
8) 問題があるので、対策を講じなくてはならない。
9) 今年は論文を完成しなくてはならない。
10) 薬はかってに飲んではならない。
11) 夜遅くまでヴァイオリンを弾いてはならない。
12) 彼にお金を借りてはだめだ。
13) 子供達が駐車場で遊んではだめだ。
14) 山に登る時はそんな靴ではだめだ。
15) 賞味期限が過ぎた牛乳を飲んではだめだ。
16) 辞書は見てもよいが、本は見てはだめだ。
17) この話は他の人に話してはだめだ。
18) あんな人と結婚することはいけない。
19) 社長の前では不平を言うことはいけない。
20) 先生の顔を見上げることはいけない。
21) 土の付いた靴で入ることいけない。
22) 授業中電話ベルを鳴らすことはいけない。
23) ここではご飯を残すことはいけません。

6) 辞書を持ってきてもよろしいですか。
7) このコピー機を使ってもいいですか。
8) もう寝るから、電気を消してもいいです。
9) ワインの代わりにお酒で味を出してもよろしい。
10) 君たちはもう家に帰ってもよろしい。
11) 時間は十分あるから、そんなに急がなくてもいい。
12) 時給がよければ、少しぐらい危ない仕事でもいい。
13) 仕事が忙しい時は無理して来なくてもかまわない。
14) レポートは英語で書いても日本語で書いても差し支えない。
15) その仕事は後でやっても構わない。
16) お酒は無理して飲まなくても構わない。
17) 一日一時間ぐらい運動しても差し支えない。
18) この書類は印鑑がなくても構わない。
19) 一人二人ぐらいは人数を変更しても差し支えない。
20) みんなの意見を聞かなくても構わないと思う。
21) 明日の会議にはネクタイを締めなくても構わないです。
22) この書類には赤ペンで書いても差し支えないです。
23) 男性の場合はどちらを選んでも構わないよ。
24) 来年からの営業を許可する。
25) 一般人の参観を許す。
26) この製品は分割払いも可能。

11. 許可・許容表現연습

1) 嫌なら止めてもいいよ。
2) あそこに駐車してもいいですか。
3) 滞在期間をもう少し延ばしてもよろしい。
4) 印鑑がなければサインでもいい。
5) ここで煙草を吸ってもいいですか。

12. 受給・授受表現연습

1) 母親が妹にお菓子をやった。
2) 私は友人に腕時計をあげた。
3) 朝、犬に餌をやった。
4) 課長に休みをもらった。

5) 病院に薬をもらいに行く。
6) 先生は私に辞書をくださいました。
7) 私は先生にネクタイを差し上げました。
8) 私達は先生に本をいただきました。
9) 娘は毎朝、鳥に餌をやります。
10) 私は父親に日本の人形をお土産にもらいました。
11) 太朗がバレンタインデーに花子にチョコレートをあげた。
12) 彼女がホワイトデーの時キャンデーをくれました。
13) 友達が私に本を買ってくれた。
14) お医者さんに診てもらいましたか。
15) 友人に傘を貸してあげた。
16) 私は妻の靴を磨いてやった。
17) 彼は彼女にノートパソコンを貸してもらった。
18) 先生が私に推薦書を書いてくださった。
19) 心配してくれて、少しはよくなりました。
20) 先生は私に友達を紹介してくださいました。
21) 私は外国人をホテルまで案内してあげた。
22) 父親が壊れたおもちゃを直してくれた。
23) 彼女がおかゆを作ってくれたので、元気になりました。
24) 毎日、家内が弁当を作ってくれます。
25) 荷物を運ぶのを手伝っていただけませんか。
26) 私は先週、弟に車を借りてあげた。
27) 私は先生に論文の書き方を教えてもらいました。
28) 宴会が終わった後、先輩に家まで送っていただいた。
29) 先生は私達に日本の歌を教えてくださった。

13. 依頼・要求表現 연습

1) 薬を三日分ください。
2) もう少し時間をください。
3) なるべく早く返事をください。
4) 冷たいビールを3本ください。
5) りんご三個とイチゴを1パックください。
6) ５０円の切手を7枚ください。
7) のり巻き2人前とうどんを3人前ください。
8) 分かるようにゆっくり話してください。
9) 学生証を見せてください。
10) ここにサインしてください。
11) 立っていないで座ってください。
12) これ以上、安く売らないでください。
13) 車は駐車場に止めてください。
14) すみませんが、机の上を片付けてください。
15) 危ないから、押さないでください。
16) 貸し出し期間は2週間ですから、忘れないでください。
17) すぐ戻って来るから、少し待ってください。
18) 風邪です。一週間ほどお酒は飲まないでください。
19) 今週中に履歴書を提出してください。
20) 玄関に入って、左の階段を上がってください。
21) いい所があれば、案内してください。
22) これは大事なものですから、忘れないでください。
23) ここは禁煙ですから、煙草は吸わないでください。
24) すいませんが、この機械の使い方を教えてください。
25) 今内部の修理中ですから、ここからは入らないでください。
26) 部屋が暗くて文字がよく見えないから、電気をつけてください。
27) 冗談言わないでちょうだい。
28) これをあそこまで運んでくれ。
29) お父さん、庭に水をまいてちょうだい。
30) ゴミを捨てないでね。
31) 大きな声で喧嘩しないでよ。
32) お土産はなるべく高いものにして。

33)他の人には言わないでちょうだい。
34)私の代わりに行ってくれるといいのだが。
35)人が手伝ってくれると助かるのだが。
36)インド料理を教えていただきたい。
37)ここの部分を説明させていただけませんか。
38)今回の件は私に引き受けさせてくださいませんか。
39)今度の日曜日、私の家へ来てほしい。
40)急な用事が出来たので、帰らせていただきます。

24)天気がよくて気持ちがいいから、散歩しましょう。
25)もう午後7時だから、夕食にしませんか。
26)一杯いかがですか。
27)担当者に聞いたらどうですか。
28)ちょっとこちらへ来てご覧なさい。
29)お金を貸してあげればどうですか。
30)そんなに疲れたら少し休んだら。
31)食べたいだけ食べてご覧なさい。

14. 意志・勧誘・提案表現연습

1)明日出発しようとしている。
2)今年結婚しようと思います。
3)彼は新聞記者になろうとしている。
4)もう少し待とうと思います。
5)今日は日本の映画を見よう。
6)明後日までにレポートを書こうと思う。
7)あの製品は高いので買わないようにする。
8)この問題は慎重に検討しようと思う。
9)ロシアへ行って音楽の勉強をしようと思う。
10)結論は今週までに出そうと思う。
11)今度の連休は旅行しようと思います。
12)今日までに学会の日程を決めようと思います。
13)彼女は日本へ行って大学に入ろうとしている。
14)スキーに行かないか。
15)とりあえず、行ってみましょうか。
16)映画を見に行きませんか。
17)保険に入りませんか。
18)その他にご注文はありませんか。
19)何時ごろ出発しましょうか。
20)老人には席を譲りましょう。
21)私達と一緒に食事しようじゃないか。
22)図書館でその本を探そうじゃないか。
23)雪が降って道が滑りますから、注意しましょう。

15. 原因・理由表現연습

1)もう寝るから電気を消してもいいです。
2)すぐ戻って来るから、ちょっと待ってください。
3)一生懸命練習したから、上手になったのです。
4)今日は休みですから、誰も来ないでしょう。
5)お金がないから、どこへも行くことができません。
6)土曜日はいつも人が多いから、日曜日に行きます。
7)大きな荷物は邪魔になるから、後ろの席に置いてください。
8)船で行くと遅いから、飛行機で行きましょう。
9)道が混んだのは交通事故があったからだ。
10)早く家へ帰らないのは仕事があるからだ。
11)日本語が上手になったのは、一生懸命勉強したからだ。
12)朝寝したのは目覚し時計が鳴らなかったからです。
13)約束の時間に遅れたのは、電車を乗り間違えたからだ。
14)やさしい問題を間違ったのは、時間がなかったからです。
15)あの先生が嫌いなのは、レポートが多いからです。

16)テニスをやらないのは、風邪を引いたからだ。
17)写真を撮ったのは、子供が可愛かったからだ。
18)授業が早く終わったので、みんな家へ帰った。
19)彼女は映画が好きなので、よく見に行きます。
20)余裕がないので、遊びに行くことを止めました。
21)今日は天気が良いので、みんな外出しました。
22)注射がいやなので、昨日病院へ行かなかったです。
23)野菜は体にいいので、私は毎日野菜を食べます。
24)秋に結婚するので、会社を辞めるつもりです。
25)子供が好きなので、幼稚園の先生になりたいです。

17)僕は彼女と一度も話したことがないんです。
18)私の妻は今まで刺身を食べたことがない。
19)母親は去年まで病院に入院したことがなかった。
20)その当時の車はよく故障したものだ。
21)当時私はよく小説を読んだものだ。
22)若い時は周りの人とよく喧嘩したものだ。
23)高校の時はあまり勉強しなかったものだ。
24)その時、私はわざといたずらをしたものだ。
25)日本で勉強した時はラーメンをよく食べたものだ。
26)私が子供の時は川でよく遊んだものだ。

16. 経験・習慣表現연습

1)時々鍵を忘れることがある。
2)お客さんと喧嘩したことがある。
3)アメリカへ一度行ったことがある。
4)私は親父と旅行に行ったことがある。
5)高校の時、ドイツ語を習ったことがある。
6)朝御飯を食べないで、学校へ来ることもある。
7)この店は日曜日に休むこともある。
8)あそこは温泉が有名で、2回行ったことがある。
9)私は彼女がとても可愛いと思ったことがあります。
10)路線バスを乗り間違えて、遅刻したことがあります。
11)飛行機は一度も乗ったことがない。
12)そんなことを思ったことがなかった。
13)中国には二回しか行ったことがない。
14)今まであなたを愛したことがない。
15)そんなに面白い映画は今まで見たことがない。
16)私は今まで他人と喧嘩したことがない。

17. 当為・忠告表現연습

1)学生は勉強するべきだ。
2)子供はよく遊ぶべきだ。
3)規則はよく守るべきだ。
4)君は彼女と別れるべきだ。
5)男はじっと我慢するべきだ。
6)一度ぐらいの失敗であきらめるべきではない。
7)そういう危ない仕事を未経験者にさせるべきではない。
8)会社の電話で個人的な話を長くすべきではない。
9)人は年を取ると、目が悪くなるものだ。
10)人の心はなかなか分からないものだ。
11)買えないものはいっそうほしくなるものだ。
12)好きな人の前では言いたいことも言えないものだ。
13)生まれたばかりの赤ちゃんは可愛くないものだ。
14)目上の人には敬語を使うものだ。
15)人の話はよく聞くものだ。
16)両親の言うことはよく聞くものだ。
17)年を取ると、体力が落ちるものだ。

18)お腹が空くと、誰でも怒りたくなるものだ。
19)お金というものはすぐ無くなるものだ。
20)仕事をすることはいいことだ。
21)よく考えてから結論を出すことだ。
22)入院している間は仕事を忘れてゆっくり休むことだ。
23)表現が上手になりたければ、本をたくさん読むことだ。
24)常に真実を言うことは大事なことだ。
25)とりあえず、傘を用意したほうがいい。
26)そのホテルは早く予約したほうがいいですよ。
27)煙草はもう止めたほうがいいですよ。
28)株は直接投資しないほうがいい。
29)山に登る時は携帯電話を持って行ったほうがいい。
30)夜遅く一人で歩き回らないほうがいい。
31)使わないほうがいい言葉はあります。

らない。
14)来週期末の試験があるから、勉強しなければならない。
15)今週中に片付けなければならないことがたくさんある。
16)早く言わねばならない。
17)午後5時までに提出しなくてはだめです。
18)昨日までに論文を完成せねばならなかった。
19)先生は授業の準備をせねばならないよ。
20)公務員は国民に親切でなければためですよ。
21)交通規則は必ず守らねばならぬ。
22)その先生の授業は本をたくさん読まねばならない。
23)学生は勉強するべきだ。
24)子供は遊ぶべきだ。
25)私としては行かざるを得なかった。
26)お金がなければ旅行は止めるよりほかないですね。
27)部長の指示であるから、やるより仕方がない。

18. 義務・必要表現 연습

1)急用が出来て、すぐ帰らなければならない。
2)家庭は明るくなければなりません。
3)私はもう少しやせなければならない。
4)虫歯なので、歯を抜かなければならない
5)もう11時だから、そろそろ帰らなければならない。
6)太りたい人はたくさん食べなければいけない。
7)食後に必ずこの薬を飲まなくてはいけない。
8)車は道の右側を走らなくてはいけない。
9)学生は学校の規則を守らなければいけない。
10)今度の日曜日は家の手伝いをしなければならない。
11)明日までにビデオを返さなくてはいけない。
12)家の中では靴を脱がなければいけない。
13)ホテルではサービス料金を支払わなければな

19. 不必要表現 연습

1)明日は休みだから、早く起きなくてもいい。
2)部屋代は安くなくてもかまわないです。
3)薬を飲まなくても大丈夫だよ。
4)今日は早く行かなくてもいいです。
5)お金を払わなくてもかまわないです。
6)彼が嫌いなら、会わなくても大丈夫だ。
7)そんなに心配することはない。
8)泣くまでもないじゃない。
9)分からないことはないじゃないか。
10)行きたくないことはない。
11)みんな知っていることだから、わざわざ説明するまでもない。
12)この程度の風邪なら、お医者さんに行くまで

もない。
13) 確かめるまでもなく、それは明らかな事実である。
14) その本は買うには及ばない。図書館で借りれば十分だ。

20. 伝聞表現연습

1) 彼は銀行員だそうだ。
2) 去年の祭りはとてもにぎやかだったという。
3) この映画は非常に面白いと言っている。
4) あの店は料理が美味しいそうだ。
5) 休みの日に行くと、人が多いという。
6) 彼は今年の秋にアメリカで結婚するそうだ。
7) 彼女の話では、彼は行かないという。
8) 天気予報によると、明日は曇りだそうだ。
9) ニュースから聞くと、今年の冬も寒くないと言っている。
10) あそこは非常に危険なので、みんな行きたくないという。
11) あさっての夕方から天気が悪くなるそうです。
12) 両親は二人とも相変わらず元気だそうです。
13) 彼女は何回も経験したとのことだ。
14) 昔はこんなことがよくあったということだ。
15) 新聞によれば、今年の夏は水不足が予想されると伝えられる。
16) 日本人に聞くと、日本には活火山が80個もあるとのことだ。
17) 100年後には平均気温が二度ぐらい高くなると聞いている。
18) 新聞によると、来年から公共料金が上がると伝えられる。
19) 交通事故で多くの人たちが怪我をしたということだ。
20) ホテルの部屋では海がきれいに見えると聞いている。
21) 今朝日本で大きな地震があったと伝えられる。
22) インド洋で超大型の津波が発生したということだ。

21. 様態・推量表現연습

1) この問題は難しそうだ。
2) 彼女はとても嬉しそうだ。
3) 明日も天気がよさそうだ。
4) 説明するのに15分ぐらいかかりそうだ。
5) 今日は昨日よりずっと寒そうだ。
6) 一時間ほどあれば仕事が終わりそうだ。
7) この本は面白くてよく売れそうだ。
8) 今度の試験は全体的にやさしそうだ。
9) 外を見ると、今でも雨が降りそうだ。
10) 彼女がプレゼントしたかばんは丈夫そうでない。
11) 彼は楽しそうに友達と話している。
12) 彼女は悲しくて泣き出しそうな顔をしている。
13) スケジュールを見ると、楽しい旅行になりそうだ。
14) 雨も降りそうもなく、風も吹かなさそうだ。
15) 彼女は風邪を引いたようだ。
16) 毎日熱心に研究するみたいだ。
17) 娘は学校へ行きたいようだ。
18) 彼はお酒を飲まないようだ。
19) あの人たちはみんな暇みたいだ。
20) この家には誰も住まないようだ。
21) 彼女は毎日夜遅く帰るみたいだ。
22) 親父は一人で苦しんでいるようだった。
23) 暑くなったのをみると、夏が近付いたようだ。
24) 先生は本当に運転が好きなようだ。
25) 地面が濡れているのをみると、昨夜雨が降ったみたいだ。
26) 目を見ると、彼女は昨日の夜あまり寝ていな

いようだ。
27)この辞書は文字が大きくて読みやすいようだ。
28)彼女が結婚するのはまだ誰も知らないみたいだ。
29)この地方は他の地方より暖かいようだ。
30)どうやら彼女は年下の男性と結婚するみたいだ。
31)この頃少しやせたようだが、ダイエットでもしていますか。
32)あの子供達は双子らしい。
33)彼はまだ何も知らないらしい。
34)コンサートは既に終わったらしい。
35)日本語は英語よりやさしいらしい。
36)あの人はとても正直らしい。
37)この店は料理が美味しいらしい。
38)その人は非常に有名らしいですよ。
39)彼女はご主人を愛していないらしい。
40)メキシコで大きな地震があったらしい。
41)妹は海外旅行に行きたいらしい。
42)あの二人は互いによい感じを持っているらしい。
43)あの学校は学生達に夜遅くまで勉強させるらしい。
44)彼は特に日本語の先生が好きらしい。
45)よく分からないが、何か悪いものを食べたらしい。
46)ドアでノックの音がした。誰か来たらしい。
47)明日はたぶん雨が降るでしょう。
48)彼女はもう結婚しただろう。
49)昔はにぎやかだったでしょう。
50)あのレストランは静かであろう。
51)これを着ていると、日本人でしょう。
52)笑っているのをみると、彼は合格したのでしょう。
53)この魚は刺身で食べると美味しいだろう。
54)10年前に比べ、中国はだいぶ変ったでしょう。
55)おそらく、友人は部長に上がったのだろう。
56)彼は一生懸命勉強したので、たぶん試験に合格するであろう。
57)図書館へ行けば、彼女に会えるだろうと思います。
58)今日は休みだから、誰も来ないでしょう。

22. 逆接表現 연습

1)ゆっくり話しても分かりませんでした。
2)ぐっすり休んでも元気になりません。
3)ビールを三本飲んでも酔わないです。
4)何回読んでも理解できません。
5)彼女はいくら食べても太らないです。
6)本物の宝石は古くなっても錆びません。
7)物価は上がっても給料は上がらないない。
8)コンピューターの電源を押しても起動しない。
9)この頃は夜7時になってもまだ暗くないです。
10)その人はあるのにないという。
11)喧嘩したらいけないと言ったのに、ついに喧嘩した。
12)友達は何も知らないのに、知っているふりをする。
13)止めたほうがいいと言ったのに、聞かなかった。
14)言えばよかったのに、言わなかった。
15)せっかく買って来たのに、ちっとも喜んでくれない。
16)体は小さいながらパワーがある。
17)彼はサッカーはうまいけれど、野球は出来ない。
18)飲んでみたものの、美味しいとは言えなかった。
19)彼女は結婚したとしても、仕事はしなければならない。
20)昨日は契約すると言ったが、今日は契約しないという。

23. 確信・推論表現연습

1) 早く行けば、20分ぐらいで行けるはずだ。
2) 彼は5年間もアメリカにいたので、英語がうまいはずだ。
3) この漢字はもう習ったから、読めるはずです。
4) 何度も君にアドバイスしたはずだよ。
5) 子供の教育も元々は主婦の仕事であるはずだ。
6) 彼女は今日も来ないはずだ。
7) 彼は来るはずがなかったのに。
8) 3ヶ月で退院できるはずだったのに結局一年かかった。
9) 大人が出来ないことを子供が出来るはずがない。
10) 明日は雨が降るに違いない。
11) こんないたずらをするのはあいつに決まっている。
12) 彼もきっと参加したいに違いない。
13) 路面が濡れているから、雨が降ったに違いない。
14) そんなことをすると、先生は必ず怒るに決まっている。
15) 学生達の表情から見ると、試験は難しかったに違いない。
16) 彼女の話によると、犯人はあの人に決まっている。
17) よく分からないが、学会は来週の土曜日だと思う。
18) よく覚えていないが、卒業式は2月23日だった思う。
19) はっきり分かりませんが、その人も来るはずだと思う。
20) 外国人にとって韓国の食べ物は辛いに決まっている。
21) この製品は機能に比べて、とても高いと思います。
22) ひょっとすると危ないかもしれない。
23) なるほど、君の言うとおりかもしれない。
24) もしかすると、首相は辞めるかもしれません。
25) 彼はもう寝ているかもしれないよ。
26) 先生はお酒が嫌いかもしれません。
27) 早く家へ帰るのがいいかもしれない。
28) もう少し頑張れば、志望校に合格できるかもしれない。
29) 彼は今頃彼女に会っているかもしれません。
30) 分かっているかもしれないが、今日の6時から会議があります。
31) 私の話が間違っているかもしれないが、金先生は今未婚のはずです。

24. 説明・理致表現연습

1) 申し訳ありません、バスが遅れたのです。
2) 電車の中で財布を忘れたのです。
3) ちょっと待ってください。話があるのです。
4) 今度の災害は天災ではなく、人災だったのだ。
5) 小さな事故が後の大惨事のきっかけになったのだった。
6) このままの状態ではうまくいくわけがない。
7) 熱が40度もあるから、苦しいわけだ。
8) 彼が失敗したのは、このような事情があったわけだ。
9) あなた一人が悪いわけではありません。
10) 英文科を卒業しても、英会話がうまいわけではない。
11) とりわけ彼女に不満があるわけではない。
12) 友人の家を見ると、私も家を建てたいものだ。
13) 喧嘩なんかしたくないものだ。
14) あんなに派手な服をよくも着るものだ。
15) 魚の料理には白ワインを添えたいものだ。
16) 人間は本来自分勝手なものだ。
17) このまま平和な生活が続いてほしいものだ。
18) 過労が原因で病院に入院することになった。

19)父親が出張でアメリカへ行くことになりました。
20)娘は今年七歳で、来年小学校へ入学することになる。
21)19歳になると、投票権を持つことになります。
22)彼女と話し合った結果、別れることになった。

25. 条件表現 연습

1)地図を見ると、すぐ分かります。
2)このボタンを押すと、切符が出てきます。
3)歯を磨かないと、虫歯になります。
4)私は朝起きると、運動をします。
5)この頃は朝5時頃になると、明るくなる。
6)橋を渡って少し行くと、美術館がある。
7)この薬を付けると、すぐかゆくなくなります。
8)子供の時川へ行くと、魚を取ってきた。
9)私がやろうとやるまいと、彼には関係ないことです。
10)冷たいものを食べ過ぎると、お腹をお壊します。
11)吉田さんの話によると、彼女は結婚するそうだ。
12)暗い所で本を読むと、目が悪くなります。
13)この道をまっすぐ歩いて行くと、市役所があります。
14)温泉に入ると、疲れも取れるし気分もよくなります。
15)寒かったら、窓を閉めてください。
16)二・三日休んだら、よくなるでしょう。
17)天気が悪かったら、私は行きません。
18)家へ着いたら、電話します。
19)会社へ行ってみたら、手紙が来ていた。
20)庭に出てみたら、雪が積もっていた。
21)試験が終わったら、海へ遊びに行きます。
22)名前が呼ばれたら、答えてください。
23)友達に頼んでみたら、お金を貸してくれました。
24)喧嘩しなかったら、もっと後悔しただろう。
25)好きな人がいたら、もう結婚したでしょう。
26)仕事が終わったら、一緒に帰りましょう。
27)辞書を引いてみたら、すぐ分かりました。
28)もし一億円あったら、何をしますか。
29)もし宝くじに当たったら、何を買いたいですか。
30)雨なら、行きません。
31)日本へ行くなら、10月の初めがいいですよ。
32)いやなら、食べなくてもいいですよ。
33)これがお金なら、良かったのに。
34)パソコンを買うのなら、あの店です。
35)病気なら、仕方がないですね。
36)暑いなら、クーラーを付けてもいいですよ。
37)結婚をするのなら、知らせてくれればいいのに。
38)その人なら、信じることが出来ます。
39)値段が同じなら、大きい物を買ってきてください。
40)彼がそう言ったのなら、間違いないでしょう。
41)忙しいなら、次に会う時にでも話しましょう。
42)ここなら、静かで駅から近くていいですね。
43)そんなにお腹が痛いなら、この薬を飲んでみてください。
44)重たい荷物があるのなら、車で行ったほうがいいよ。
45)誰でもやれば出来る。
46)彼に話せば、分かる。
47)この薬を飲めば、治ります。
48)あの山に登れば、海が見える。
49)このスウィッチを押せば、電気が付きます。
50)もし値段が高ければ、私は買いません。
51)お金があれば、何でも買える。
52)パスポートさえあれば、カナダに行けます。
53)あの人はお酒も飲めば、煙草も吸います。
54)彼は英語も出来れば、日本語も出来ます。
55)英語はゆっくり話せば、聞くことができます。

56)例文を挙げて説明しなければ、分かりません。
57)その仕事ならば、子供でも出来ます。
58)露天風呂に入ってお酒でも飲めば、最高です。
59)台風が来れば旅行は無理だけど、雨ぐらいなら大丈夫よ。
60)もし彼女が韓国人ならば、私は結婚したいです。

26. 料理・天気・病院表現 연습

1)妻は台所で朝御飯を準備している。
2)彼女は今秋刀魚と鯖を焼いています。
3)中部地方は晴れですが、午後一時にわか雨になるでしょう。
4)北部地方は時々曇りですが、夜遅く雪になるでしょう。
5)最高気温はソウルと大田が25度、釜山は27度ぐらいです。
6)頭が痛くて熱があったので、娘を病院へ連れて行ってきた。
7)風邪を引いたのか、ゴホンゴホンと咳がでて鼻水が出る。
8)一晩中歯が痛くて、朝早く歯医者さんへ行って治療を受けた。
9)冷麺を食べた後、お腹を壊して下痢をする。しかも食欲もない。
10)友人は倒れて足を折って、整形外科に入院して手術を受けた。
11)私はこの頃疲れたのか、体の調子が良くない。

第二章 1. 基本動作表現 연습

1)いつテレビを見ますか。
2)先生はよくお酒を飲みます。
3)あの方は魚を食べません。
4)その人は時々教会に行きます。
5)私は毎朝、お水を飲みます。
6)娘は豚肉をよく食べます。
7)私の家族は一ヶ月に一回ほど映画を見ます。
8)彼女は毎週日曜日デパートへ行きます。
9)昨日レストランで昼御飯を食べました（昼食を取りました）。
10)あの人はどこへ行っても大きな声で話します。
11)私は彼女に名刺を見せました。
12)彼は知り合いの人に家を売りました。
13)兄は中国人に中国語を習います。
14)昨日デパートで靴を買いました。
15)彼女は先生に本を借りました。
16)私は週末に彼女とデートをします。
17)これは新製品で、イギリスから輸入しました。
18)尊敬していた先生が他の大学に籍を移しました。

2.「動詞のテ形」表現

2-1. 연습

1)彼は友達と話している。
2)この論文を一時間ぐらい探している。
3)夫は今シャワーを浴びている。
4)多くの人々が公園を歩いている。
5)彼女は今タンスを習っている。
6)彼は働きながら大学に通っている。
7)彼女は今先生と相談している。
8)2年前から日本語を勉強している。
9)犬と猫が庭でたたかっている。

10) お父さんは新聞を見ながらご飯を食べている。
11) このテーマは既に3年も研究している。
12) 妻は肉と野菜で料理を作っています。
13) 部屋には電気がついていた。
14) あそこに誰か倒れている。
15) 今はアパートに住んでいる。
16) 姉は幸せに暮らしている。
17) 彼女は若い時やせていた。
18) 堅く窓が閉まっていた。
19) 高速道路にトラックが倒れていた。
20) 床のあっちこっちに穴が開いていた。
21) 警察の車が店の前に止まっていた。
22) 台風で庭に木が倒れていた。
23) 大学の周りには高層アパートがたくさん建っている。
24) この店は安くて美味しいので、いつも多くの人が並んでいる。
25) テニスのレッスンはもう済んでいる。
26) 学校のバスが次々と出発している。
27) いつもここで本を注文している。
28) 彼は先週から東京に来ている。
29) 両親にはまだ話していなかった。
30) 先生は毎日自転車で出勤している。
31) 彼は既に焼酎を二本も飲んでいた。
32) 健康のため、毎日ジョギングをしています。
33) 一週間に二回タンスの教室に通っている。
34) 毎週の土曜日、花粉に水をやっている。
35) あそこでゴキブリが死んでいる。
36) 私が着いた時、映画は既に始まっていました。
37) この病院では毎日10人ぐらいの子供が生まれている。
38) 日本には既に5回も行っている。
39) あそこは彼女と会う度に行っているところです。
40) 10年前から毎朝体操をしています。
41) あの選手は3年前この大会で優勝している。
42) 彼女は25年間も日記を書き続けている。
43) 引っ越ししてから、父親は毎朝地下鉄で出勤している。
44) 去年一度先生にその話を聞いている。
45) 彼は15年間もトラックの運転手をしている。

2-2. 연습

1) 黒板に英語が書いてあった。
2) 一週間前に彼に話してあった。
3) 窓にはカーテンが掛けてある。
4) 机の上に手紙が置いてあった。
5) 店の前に果物が並べてある。
6) その仕事は彼に頼んである。
7) テレビの横に電話が置いてあります。
8) 押入れに布団が入ってあります。
9) テーブルの上にバラの花がきれいに飾ってあった。
10) 研究室には大きな日本の地図が掛けてある。
11) 起きてみると、既に朝食が準備してあった。
12) そのレストランは出入り口に鍵が掛けてあった。
13) 7時までに店を開けてある。
14) 発表の資料はもう読んである。
15) 道端にゴミが捨ててあります。
16) その語彙は辞書で調べてある。
17) 掃除するために、窓を開けてあった。
18) 友達のために、料理を作ってあった。
19) お金は金庫に入れてあります。
20) 日本へ来る前に日本語を習ってある。
21) 冷蔵庫にビールとジュースを冷やしてあった。
22) 明日パーティーに必要なのはもう全て買ってある。

2-3. 연습

1) 夕方7時までに店を開けておく。
2) 明日まで本を読んでおく。
3) 面接の前に資料を覚えておいた。
4) 出発する前に電話を掛けておきます。

5) 友人はウイスキーが好きで準備しておいた。
6) 山の上には水がないから、ここで飲んでおいてください。
7) 来週から煙草の値上げが予想されるので、今日たくさん買っておいた。
8) 明日からガソリンが値上げするので、今日いっぱい入れておいた。
9) そのホテルはいつも混んでいるから、前以って予約しておいた。
10) 友達に一応預けておこう。
11) まず、この部屋にパソコンを置いておこう。
12) 日本へ来る前に日本語を習っておく。
13) 外国へ行く時、一週間前に切符を買っておく。
14) 分からない言葉には一応符号を付けておく。
15) 冷蔵庫を長時間開けておいてはいけません。
16) 明日友達が来るから、今日掃除しておきます。
17) 道路に車を止めておくと、交通妨害になります。
18) 食事の準備をしておきました。ゆっくり遊んで行ってください。

2-4. 연습

1) その映画はもう見てしまいました。
2) 電車の中で財布を忘れてしまった。
3) 私の不注意で花瓶が壊れてしまった。
4) 線路に帽子を落としてしまった。
5) 電車の中に傘を忘れてしまった。
6) 私がよく履いていた運動靴が破れてしまった。
7) 今月の小遣いを既に全部使ってしまいました。
8) 友達と火遊びをして髪の毛が燃えてしまった。
9) 10年ぶりに会ったので、しばらく友達の名前を忘れてしまっていた。
10) 写真を撮ろうとしたが、電池が切れてしまった。
11) 超大型津波で多くの人々が死んでしまった。
12) 冷蔵庫に入れて置いた果物が腐ってしまった。
13) うっかりあくびをしてしまった。
14) 花があまりにもきれいだったので、折ってしまった。
15) 私も知らないうちに紙を破ってしまった。
16) 要らないと思って捨ててしまった。
17) 可笑しくてうっかり笑ってしまった。
18) つい、皿を割ってしまった。
19) 仕事が終わったと思って片付けてしまった。
20) ナイフで果物の皮をむいていて手を切ってしまった。
21) 彼が分かると思って、ついメモを消してしまった。
22) 友達と話しているうちにアイスクリームが溶けてしまった。
23) 要らないと思って黒板の字を消してしまった。

2-5. 연습

1) 姉は部屋から出ていきました。
2) 船は港を離れていきました。
3) 友達が私に本を送ってきた。
4) 本屋さんへ行って本を買ってきた。
5) 彼女が彼に電話を掛けてきた。
6) 鞄にお弁当を持っていきました。
7) あの荷物をここまで持ってきてください。
8) 主人は毎日夜8時頃帰ってきます。
9) ある青年が荷物を担いできました。
10) 公園の方から子供が一人歩いてきました。
11) 図書館へ行って辞書を借りてきてください。
12) 彼らを乗せた飛行機は西の方に飛んでいきました。
13) 家内は朝早く銀行へ行ってお金を預かってきた。
14) 彼女はだんだんやせていった。
15) 彼はしだいに自分らしさを失っていった。
16) 母親を亡くした悲しみはますます深くなっていく。
17) 日本語がだんだん話せるようになってきた。
18) 遠くから波の音がかすかに聞こえてくる。

19)これからは二人が互いに助け合っていかなければならない。
20)これからもその人達を見守っていくつもりである。
21)青くてきれいだった海もしだいに汚くなってきた。
22)女性に対する差別は今までだいぶ改善されてきた。
23)今もアフリカでは多くの子供達が飢餓で死んでいく。
24)私の大学が飛躍的に発展してきたのは最近の10年間である。

2-6. 연습

1)サイズが合うかどうかズボンをはいてみた。
2)何が入っているか蓋を開けてみた。
3)牛肉を少し食べてみたが、味がおかしい。
4)生きているかどうか触ってみた。
5)本当に重たいかどうか持ち上げてみたが、なかなか持ち上げることが出来なかった
6)体にいいと勧められて飲んでみたが、お腹が痛くなってきた。
7)もう一度よく考えてみます。
8)私も一度アメリカへ行ってみたい。
9)気を付けてみると、お金がなくなっていた。
10)故郷へ帰ってきてみると、すでに古い家はなかった。
11)彼は年上の女性と付き合ってみたいという。
12)結婚式はホールではなく、庭園で静かに行いたい。
13)伝統のある古い寿司屋へ行って、寿司を食べてみたい。
14)電車を止めて、自転車の通学をやってみた。
15)車を直したので、問題ないか乗ってみた。

3. 複合動詞表現 연습

1)急に子供が泣き出した。
2)再び彼女に手紙を書き始めた。
3)歩いていた彼が突然走り出した。
4)子供は昨日から学校へ行き始めた。
5)家内は12頃から昼ご飯を作り始めた。
6)彼は周囲を見回してから彼女に話しかけた。
7)先生の経験談が終わりかけていた。
8)楽しそうに話していた二人がいきなり喧嘩し始めた。
9)彼女が結婚するという話は彼が持ち出した。
10)一日中雨が降り続いた。
11)10年間私は日記を書き続けた。
12)朝から強風が吹き続いた。
13)隣の人は午後から歌い続けている。
14)何があったのか、課長は先から煙草を吸い続けた。
15)彼は彼女を見張り続けていた。
16)私は昨日友達に会うため、2時間も待ち続けた。
17)僕は15年間、受身文と使役文を研究し続けてきました。
18)彼女は日本の歌を最後まで歌い終えた。
19)授業のベルが鳴り終わった。
20)倒れた子供は泣き止んだ。
21)先生はやっと話し終えた。
22)申込書を書き終えてから、私はほっとした。
23)生徒が読み終わるまで教師は見ていた。
24)部下の社員が言い終わるまで課長は黙っていた。
25)彼はタクシーに乗るところだった。
26)これから勉強しようとしている。
27)妻は夕食を作ろうとしていた。
28)電車が出発するところだった。
29)時計は正午を知らせようとしていた。
30)彼女とまた会おうとする。

31) 今お弁当を食べようとするところだ。
32) 連絡がなくて、今電話をかけるところだった。
33) 家へ帰って来たら、家内はショッピングに出かけようとしていた。
34) 南極の氷が溶けつつある。
35) 我が社は現在成長しつつある。
36) 経済は順調に回復しつつある。
37) その問題は現在検討しているところだ。
38) 主人は今シャワーを浴びているところです。
39) 彼女は先生と相談しているところだ。
40) 彼はいま電話番号を探しているところです。
41) 彼は今自分が死につつあることを意識していた。
42) 今、帰って来たばかりです。
43) 会議は今終わったところです。
44) 午後4時が過ぎたところですが、もう暗くなってきた。
45) 日本へ来たばかりの頃は日本語もよく分からなかった。
46) 海外勤務を終えて、先月帰国したばかりです。
47) これは一週間前に買ったばかりなのに、もう故障してしまった。
48) 彼は去年結婚したばかりですが、既に離婚を考えています。

第三章 1. 受動表現연습

1) 彼は友達に殴られた。
2) 私は友人に助けられた。
3) 彼女は校長先生から特別賞を授与された。
4) 後輩が先輩に憎まれた。
5) 私は今日先生に散々怒られました。
6) あの人は村人にののしられた。
7) 優勝者が市長から花束を渡された。
8) その方は人々に有能な弁護士として認められています。
9) ヨン様は日本の女性に好かれている。
10) 花子は太郎から食事に招待されました。
11) 宿題をしなかったので、先生に叱られました。
12) 大学の時、先生にこく使われたことがある。
13) これが夫に愛されている証拠です。
14) 先生にこの頃どんな本を読んでいるか質問されました。
15) 投手が四番打者にホームランを打たれた。
16) 子供が飼っていた犬に噛まれた。
17) 電車の中で、私は知らない人に挨拶された。
18) 成人女性を5人も殺した犯人が警察に逮捕された。
19) 私は昨日雨に降られ、風邪を引きました。
20) 私は子供に携帯電話を壊された。
21) 僕は店員に注文を間違えられた。
22) 私は弟にケーキを食べられた。
23) 子供の時、私は父親に死なれた。
24) 昨夜、私は友達に遊びに来られて勉強できなかった。
25) 電車の中で、私はスリに財布をとられた。
26) 私は課長に言葉づかいを注意された。
27) バスの中で、私は知らない人に足を踏まれた。
28) 私は隣の家の赤ちゃんに泣かれて寝られなかった。
29) 私は友達にボーイフレンドの写真を見られてしまいました。

30) 姉はお父さんに電話を切られてしまった。
31) 妹はお母さんに雑誌を捨てられてしまった。
32) 私は母親に朝早く起こされてしまった。
33) 父親は外国人に英語で道を聞かれてしまった。
34) 故郷が懐かしく思われる。
35) その時の過ちが悔やまれる。
36) 飛行機の乗客の安否が心配される。
37) 病気で入院している父親が心配される。
38) この絵を見ると、作者の気持ちが感じられる。
39) この頃は亡くなった母親のおもかげが偲ばれる。
40) 彼が職場を去ることをみんなに惜しまれた。
41) オリンピックは4年毎に開かれる。
42) 漢字は中国から伝えられた。
43) 韓国の卒業式は2月に行われる。
44) このニュースはA新聞社から流されてきた。
45) 犯罪が当局によって摘発された。
46) 英語は多くの人々によって使われている。
47) 長い間の研究のすえ、新製品が開発された。
48) 与党の提案は野党にいっせいに非難された。
49) 富士山は外国人によく知られています。
50) 目は心の窓だと言われています。
51) 日本語は最近多くの外国人によって学習されている。
52) この歌は若者達によく歌われています。
53) 煙草はポルトガル人によって日本へ伝えられました。
54) 秋はスポーツの季節だと呼ばれています。
55) この機械は人気製品で多くの場所で使用されています。
56) 北海道は明治時代になってから開発された。
57) 2002年のワールドカップは韓国と日本で同時に開かれた。

2. 使役表現연습

1) 息子は若いとき苦労させるべきだ。
2) 私は娘を夏のキャンプに参加させた。
3) 父親が弟に荷物を運ぶ手伝いをさせた。
4) 姉は妹に3時間も宿題をさせた。
5) 先生は学生達に辞書を引かせて、テープを聞かせました。
6) お母さんは子供に野菜を食べさせた。
7) 担当者を事故現場に直ちに出動させた。
8) 課長は新入社員に2曲の歌を歌わせた。
9) 私は日頃学生達に詩を覚えさせる。
10) 先生が学生に発音の練習をさせる。
11) 国民儀礼の時、司会者は観客を立たせました。
12) 先生は学生達に大きな声で本を読ませました。
13) 部長は係長にもう一度リポートを書かせました。
14) 母親が赤ちゃんにミルクを飲ませた。
15) 兄は弟の頭を殴って弟を泣かせた。
16) お母さんは子供に英単語を五回書かせた。
17) 男の子は虫を見せて、女の子を驚かせた。
18) 私は彼女に日本語だけで話をさせた。
19) 彼の行動は周りの人々に疑惑を抱かせた。
20) 上司は部下職員に傘を持って行かせました。
21) 学生達に文法を理解させるのは易しくない。
22) 私は学生達にたくさんの問題を解かせて、パターンで覚えさせます。
23) そういう時は分かるまでしばらく考えさせます。
24) 両親が子供を無理やり塾に行かせている場合も多い。
25) 最初は簡単に体操をさせて、それから走らせます。
26) 彼は自分の家に泊まらせてやった。
27) どうかここで少し休ませておいてください。
28) 本棚で自由に本を取らせることにしている。
29) アメリカへ行きたいと言ったので行かせてやった。
30) お母さんは子供を遅くまで遊ばせておいた。
31) 彼女に料理を作らせておいてください。
32) 私にも意見を述べさせてください。
33) 家内に泣きたいだけ泣かせておく。

34) 子供に外で遊びたいだけ遊ばせておいた。
35) 私は学生達に思う存分歌わせておいた。
36) 娘にタンス教室に通わせておいた。
37) 来週、仕事を休ませていただきたいのですが。
38) 子供達には好きな運動をさせておいたほうがいい。
39) 先生からお話を聞かせていただきます。
40) お写真を見させていただきまして、本当にありがとうございます。
41) 彼はいつも人を笑わせる。
42) 未来はＩＴ産業が国を発展させる。
43) 私を悲しませないでください。
44) これ以上、我々を驚かせないでください。
45) 大きな声を出して、友達をびっくりさせました。
46) 一週間前に買ってきた肉を腐らせてしまった。
47) 誰が彼女を倒れさせたのか、腹が立った。
48) 男の子は悪口を言って女の子を泣かせてしまった。
49) 妻はスキー場で足を滑らせてしまった。
50) 伝染病を発生させてしまった責任は重大だ。
51) 彼は面白い話をして人々を笑わせてしまいました。
52) 私はゴキブリを見せて、家内を驚かせてしまいました。
53) 弟は試験に合格して、両親を喜ばせました。
54) 友人が入院して、ご両親を心配させました。

されました)。
4) 息子がお母さんに部屋の掃除をさせられました。
5) 彼女はお母さんに傘を持って行かせられました（行かされました)。
6) 学生達は先生に辞書を買わせられました（買わされました)。
7) 彼女は社長によって会社を辞めさせられた。
8) 新入生らは先輩達に強引にお酒を飲ませられた（飲まされた)。
9) 彼は部長に英語だけで話をさせられました。
10) 私のため、姉は大学を断念させられた。
11) 彼は先生によって三回も答えさせられました。
12) 彼女に美味しくない料理を食べさせられました。
13) 彼は先生よって二回も本を読ませられました（読まされました)。
14) 先生に日本語でレポートを書かせられました（書かされました)。
15) 父親はお酒が好きですが、お医者さんにお酒を止めさせられた。
16) 娘が昨日教科書を忘れて来て、先生に持って来させられました。
17) 子供の時、私は母親に毎日野菜を食べさせられました。
18) 私は課長に中国語で電話をかけさせられました。

3. 使役受動表現연습

1) 同僚の男性にタンゴを踊らせられました（踊らされました)。
2) 夫が妻に料理を作らせられました（作らされました)。
3) 人々の前で日本の歌を歌わせられました（歌わ

第4章. 1. 尊敬表現연습

1) 先生が車にお乗りになります。
2) ここで少しお待ちになりますか。
3) その方はいつ頃お出でになりますか。
4) 明日は何時ごろお出かけになりますか。
5) 先生、この資料もうご覧になりましたか。
6) 友人のお父さんは少し前自宅へお帰りになりました。
7) いつ頃初めて煙草をお吸いになりましたか。
8) その本をお書きになった先生がご病気になった。
9) 先生は今朝の新聞をお読みになりましたか。
10) その帽子をどこでお買いになりましたか。
11) 先生が推薦書を書いてくださいました。
12) 今回の講義は住宅問題についてお話になります。
13) 先生はいつ頃来られますか。
14) 今日はどちらへ行かれますか。
15) 日本語で話されますか。英語で話されますか。
16) 先生は何を召し上がりますか。
17) 僕にそれをくださるのですか。
18) 先生は部長をご存知ですか。
19) 夜遅くまで仕事をなさらないでください。
20) 社長さんが昨日契約するとおっしゃいました。
21) あの方は厳しい先生ですが、とても親切に教えてくださいます。
22) 日本からご参加なさるパネリストは既にいらっしゃっています。
23) そうおっしゃらずに、もう一度考え直してください。

3) 私が鞄をお持ちします。
4) 会議の場所までご案内します。
5) それでは、楽しみにしています。
6) その日、私は初めてその方にお会いしました。
7) 会議の結果をご報告することを忘れました。
8) これ、皆さんにお見せしてもよろしいですか。
9) お知らせいたします。参加者の方は全員集まってください。
10) 合計五点で、合わせて１２万４９８０円お払い願います。
11) 明日もこちらからまいります。
12) 私はビールをいただきます。
13) 明日お宅へうかがいます。
14) 私が頂いてもよろしいですか。
15) あさって、お目にかかってもよろしいですか。
16) 私は何もいたしておりません。
17) 父親は輸出関係の仕事をしております。
18) そのことについては私が申し上げます。
19) ちょっと伺いたいですが、駅はどちらですか。
20) 申し上げたとおり、間違いはありません。
21) お客さんには何を差し上げればいいですか。
22) こんなたくさんちょうだいしてもよろしいですか。
23) よく分かりませんが、私はそういうふうに存じています。

2. 謙譲表現연습

1) 車でお送りします。
2) 課長にお聞きします。

참고문헌

生田目弥寿『現代日本語表現文典』凡人社 1996.
門脇薫, 西馬薫『일본어작문테크닉』시사일본어사 2000
砂川有里子『日本語文型辞典』くろしお出版 1998.
富田隆行『基礎表現50とその教え方』凡人社 1991.
富田隆行『文法の基礎知識とその教え方』凡人社 1992.
富田隆行『教授法マニュアル70例(上・下)』凡人社 1993.
富田隆行『続・基礎表現50とその教え方』凡人社 1997.
日本語教育学会『日本語教育辞典』大修館書店 1982
福島泰正編『類似表現の使い分けと指導法』アルク 1997
村山俊夫『일본어작문의 급소190』시사일본어사 1989
森田良行『基礎日本語辞典』角川書店 1988
森田良行・松木正恵『日本語表現文型』角川書店 1989
林憲燦『礎石日本語文法』책사랑 2001
林憲燦『日本語表現方法』보고사 2003
林憲燦『日本語重要構文』진영문화사 2003
C&P 日本語教育・教材研究会編『日本語作文Ⅰ』専門教育出版 1988
C&P 日本語教育・教材研究会編『日本語作文Ⅱ』専門教育出版 1988

표현문형과 테마로 익히는 일본어 작문

임 헌 찬 (林憲燦)

  1996年 広島大学大学院　日本語教育学専攻　教育学博士
  現在 仁済大学校 国際語文学部 副教授

【주요 研究業績】
  1996年『日韓両語のヴォイスのカテゴリーに関する対照研究』博士論文
  1999年『Campus 基礎日本語文法』不二文化社
  1999年『MY JAPANESE』共著 일본어뱅크社
  1999年『日本語学概論』不二文化社
  2001年『礎石日本語文法』도서출판 책사랑
  2001年「日本語受動文의 意味論的考察」『日語日文学』15輯
  2002年『365生活日本語』共著 제이앤씨
  2002年『日本語文法Ⅰ』(日本語学 シリーズ3) 共著 宝庫社
  2003年『日本語表現方法』宝庫社
  2003年『日本語重要構文』進永文化社
  2004年『日韓両言語における受動文と使役文』제이앤씨
  2005年「日本語の使役文の分析」広島大学 教育学部

초판1쇄 인쇄 · 2005년 8월 16일　／　초판1쇄 발행 · 2005년 8월 25일

저　　자 · 임 헌 찬
발 행 처 · (주)제이앤씨
등록번호 · 제7-270
주　　소 · 서울시 도봉구 쌍문동 358-4 성주 B/D 6F
전　　화 · (02) 992 / 3253
팩　　스 · (02) 991 / 1285

htpp://www.jncbook.co.kr   E-mail jncbook@hanmail.net

ISBN 89-5668-251-8 03730　　　정　가 · 13,000원

* 이 책의 내용을 사전 허가없이 전재하거나 복제할 경우 법적인 제재를 받게 됨을 알려드립니다.
** 잘못된 책은 구입하신 서점이나 본사에서 교환해 드립니다.